SEJA FELIZ AGORA

EDITORA EME

Solicite nosso catálogo completo, com mais de 300 títulos, onde você encontra as melhores opções do bom livro espírita: literatura infantojuvenil, contos, obras biográficas e de autoajuda, mensagens espirituais, romances palpitantes, estudos doutrinários, obras básicas de Allan Kardec, e mais os esclarecedores cursos e estudos para aplicação no centro espírita - iniciação, mediunidade, reuniões mediúnicas, oratória, desobsessão, fluidos e passes.

E caso não encontre os nossos livros na livraria de sua preferência, solicite o endereço de nosso distribuidor mais próximo de você.

Edição e distribuição

EDITORA EME

Caixa Postal 1820 - CEP 13360-000 - Capivari - SP

Telefones: (19) 3491-7000/3491-5449

vendas@editoraeme.com.br - www.editoraeme.com.br

SEJA FELIZ AGORA

Joseval Carneiro

Capivari-SP
— 2013 —

A Editora EME mantém, ainda, o Centro Espírita "Mensagem de Esperança", colabora na manutenção da Comunidade Psicossomática Nova Consciência (clínica masculina para tratamento da dependência química), e patrocina, junto com outras empresas, a Central de Educação e Atendimento da Criança (Casa da Criança), em Capivari-SP.

1ª edição – abril/2013 – 3.000 exemplares

CAPA | André Stenico
DIAGRAMAÇÃO | Editora EME
REVISÃO | Rodrigues de Camargo
Rubens Toledo

Ficha catalográfica elaborada na editora

Carneiro, Joseval, 1941-
Seja feliz agora / Joseval Carneiro - 1ª ed. abr. 2013 - Capivari, SP : Editora EME.
184 p.

ISBN 978-85-66805-02-4

1. Autoajuda. 2. Mensagens Espirituais. 3. Espiritismo
CDD 133.9

Homenagens

Na carreira militar, na qual cheguei ao honroso posto de Capitão, aprendi as lições de disciplina.

Na Polícia Civil, na qual me aposentei como Delegado, cultivei o respeito às leis.

No Magistério, vivenciei as transformações que empreendia com o meu saber.

Como jornalista, saboreei os frutos sazonados da boa informação.

Escritor, eu alegrei-me com os sorrisos e crescimento que produzi.

Dessa forma, cumpre-me agradecer, agora, aos meus anteriores chefes, que contribuíram para a minha formação:

Cel. Durval Tavares Carneiro
Cel. Willy João Fonseca de Carvalho
Cel. Elpídio de Albuquerque
Profª. Bernadete Brandão
Profª. Isabella Silva
Cel. Flodoardo Caldas Medeiros de Azevedo
Dr. Delfino Sena
Cel. João Araújo dos Santos
Cel. Antônio Roque da Silva
Cel. Edilberto Calmon de Amorim
Governador Elmo Serejo de Farias
Dr. Walmir Maia Rocha Lima
Cel. Altamiro Tavares
Dr. Waldomiro dos Santos Pereira
Cel. Luís Arthur de Carvalho
Cel. Aimé da Silveira Lamaison
Cel. Joalbo Figueiredo Barbosa
Cel. Durval Matos
Dr. Jurandyr Moisés
Deputado Paulo Renato Bastos
Dr. Francisco de Souza Netto
Dr. José Amorim
Cel. Manoel Cerqueira Cabral
Dr. Altamirando de Oliveira
Cel. Humberto Sturaro
Cel. João Mendes dos Santos
Tenente Antônio Paulo
Cel. Waldemar dos Santos Lima
Cel. Florisvaldo Matos

Homenagem especial

Berenice Teresinha Corrêa Carneiro (saudosa esposa), Sérgio Agnelo, Luciano, Joseval Junior e Fábio (queridos filhos), Lucas e Vinicius (inesquecíveis netos), Aline, Ana e Ivana (estimadas noras), Marta Melo (nova companheira que nos acompanha nesta etapa de vida), juntamente com Pedro Henrique (seu amado filho e nosso prezado enteado).

Homenagem póstuma

Prof. Almir Bastos Junior, Procurador da Fazenda, mestre de Processo Civil da UFBA, amigo leal e sincero, espírito de escol, colhido precocemente por enfermidade cruel, deixando saudades entre tantos que se beneficiaram do seu saber e da sua humanidade.

SUMÁRIO

PREFÁCIO

Um provérbio árabe assinala que quem diz tudo, faz tudo e tudo entrega, nada tem. Daí a necessidade de se conter algumas coisas, pois, se a palavra é de ouro, o silêncio é de prata.

Esta nova obra de Joseval Carneiro, de autoajuda, brinda-nos com proverbial singeleza literária, mas profundidade moral e espiritual, e traz como marca registrada a facilidade de leitura, a riqueza de ensinamentos, encobertos de um véu de "quero mais", convidando o leitor às suas próprias elucubrações, incitando-o à busca, à reflexão.

Sem adentrar aspectos religiosos sectários, respeitando o pensamento de todos os demais segmentos filosóficos, deixa a cada um procurar o sentido evolutivo das parábolas, dos contos, dos ensinamentos, modulando o crescimento de cada pessoa segundo o seu discernimento.

Temos certeza que é uma obra, como as anteriores, para ser lida num lampejo, e, depois, relida saboreando cada frase, cada ensinamento.

Fazemos votos de pleno sucesso com esse novo empreendimento, desejando que o doce Rabi da Galileia o ilumine e inspire para novas contribuições.

Aidê Ouais
Juíza de Direito

1

RESPIRAR

> **"Nascer, morrer, renascer ainda e progredir sem cessar. Tal é a lei."**
>
> Inscrição no dólmen de Allan Kardec – Père-Lachaise, Paris

Desde o primeiro vagido, ao nascer, chorando pela penetração do oxigênio nos alvéolos, necessitamos de um impulso externo, uma palmada nas nádegas, para produzir o reflexo indispensável a iniciar o fluxo respiratório. Todavia, inalamos menos da metade do que precisamos para processar uma boa oxigenação do organismo.

Os orientais, com sua sabedoria milenar, ensinam-nos, com os mantras, a ampliar a capacidade pulmonar, inspirando, pausada e longamente, e expirando suavemente, acostumando a esponja pulmonar a flexibilizar-se o máximo possível, com efeitos salutares no estresse, no equilíbrio hormonal e no aporte de nutrientes aos mais diversos tecidos, com o oxigênio metabolizado nas células.

Com efeito, satisfazemo-nos com o entra-e-sai rápido do ar nos pulmões, não nos dando conta das perdas, refletidas na maior vulnerabilidade às doenças que acometem, vez por outra, o aparelho respiratório, tão afetado pelo ambiente poluído das *urbes* modernas.

Necessitamos abrir mais os braços, distendê-los, proporcionar uma dilatação da envergadura das espáduas, ombros e braços. Razão pela qual a natação infantil é recomendada pelos pediatras, como forma de prevenir doenças respiratórias na juventude e adolescência.

Um simples caminhar matinal, ou, até, pequenos exercícios em casa, antes do banho, podem ajudar muito. Aproveitar-se de pequenos momentos, como na praia, por exemplo, ou numa trilha de fim de semana.

O *prana,* ou ar que adentra lentamente os pulmões, é de um efeito calmante incrível, não percebido pelos ocidentais com a mesma eficácia dos nossos irmãos do Oriente. Não precisa ser monge, ou budista, ou faquir indiano, para perceber algumas nuanças interessantes que nos legam, dos favores da vida. Portanto, viva mais. Seja mais feliz agora!

2

CHÁ DAS CINCO

"A paz vem de dentro de você mesmo;
não a procure em sua volta."

Buda

Temos o hábito de tomar café. Somos o Brasil, maior produtor mundial, desde que um caravaneiro nômade, árabe, colheu os frutinhos vermelhos que os cabritos saltitantes engoliam sofregamente, ferveu com água e bebeu a calda, para identificar os motivos pelos quais os animais estavam excitados. Bebemos ao acordar, após o almoço e jantar, e nos intervalos do trabalho, chegando a ingerir cerca de um litro, por dia, quantidade da cafeína excitante que ajuda a manter o cérebro desperto, mas que produz indesejável agitação no sistema nervoso central.

Os ingleses cunharam o hábito de tomar o que chamam "chá das cinco", ou *5 O'clock-tea*. Nos bons hotéis de Londres são fornecidos, gratuitamente, envelopes com os mais diversos chás, disponibilizados, no apartamento individual, além de uma pequena chaleira elétrica. São bem apreciados como digestivos e que aquecem o corpo no rigoroso inverno.

Mas, não apenas digestivos, como erva cidreira, boldo, carqueja, comum às folhas verdes em geral (há folhas secas), alguns têm efeito verdadeiramente calmante, como camomila, capim santo. Outros diuréticos, como erva-doce. Ou antitérmicos, como o girassol.

Outros são tussígenos, como assa-peixe. Alguns curam as artrites, como a arnica, ou são depurativos, como o angico, ou cicatrizantes, como espinheira-santa; ou ainda anti-infeccioso, como cama-de-brejo e alfavaca. E, até, afrodisíaco, como a catuaba. Algumas dessas ervas são antitraumáticas, como mastruz, ingeridas ou usadas como emplastro. Diuréticos e renais, como quebra-pedra.

Aliás, dada a biodiversidade do nosso país, somos celeiro de substâncias medicinais, extraídas das ervas, de onde são retirados, quase sempre, os medicamentos processados industrialmente, em muitos casos no exterior e, importados, novamente, na forma de caríssimos produtos da rica farmacopeia da flora equatorial.

Ao lado dos aspectos medicinais, sobreleva destacar, na conduta inglesa, tão difícil de cumprir nos tempos modernos, ou pós-modernos, como chamamos ultimamente, a "paradinha" no corre-corre, do dia a dia, do homem dito *sapiens*. A pequena reunião em família, que os gaúchos, acostumados ao aconchego do momento do chimarrão, denominam *café da tarde*, é salutar.

Estatísticas comprovam que famílias numerosas são mais equilibradas, conquanto devamos controlar os nascimentos em face da responsabilidade pela educação.

3

RENOVAÇÃO

"A educação é a arma mais poderosa
que você pode usar para mudar o mundo."
Nelson Mandela

A águia é um dos animais mais longevos. Dura até 70 anos. Aos 40 começa a sentir as dificuldades da velhice: as cartilagens que sustentam as penas endurecem e começam a pesar, aumentando o esforço para voar; o bico crescido e curvo já não permite dilacerar e engolir suas presas; as garras, também crescidas e curvas, impedem-na de segurar animais de menor porte, com firmeza, para alimentar os filhotes.

Pressentindo isso, a águia voa o mais alto que pode, busca um pico elevado, assenta em uma pedra, onde bate o bico repetidamente, até perdê-lo, vindo, depois, a nascer e crescer outro em condições de trabalho. Da mesma forma, quanto às garras, que arranca com auxílio do bico. E as penas das asas, também. Assim, renovada, ela tem uma sobrevida de mais 30 anos.

O ser humano igualmente deveria aprender a renovar-se. Adequar-se às dificuldades impostas pela idade, nas atividades possíveis, esforçando-se para manter-se saudável, física, emocional e espiritualmente. Praticar exercícios regulares, mediante condicionamento orientado. Reciclar o tipo de alimentação, compatibilizando com as naturais dificuldades orgânicas e fisiológicas. Promover acompanhamento médico regular. Viver cada momento, cada fase, sem muito saudosismo do passado, e sem antecipações de problemas futuros.

Viver o seu dia. *Carpem diem*. Curtir o dia. Chorar as mágoas daquele dia. Nem do passado, nem do futuro. Adequar as suas atividades físicas, lúdicas, recreativas, sexuais, ao momento e à fase da vida que leva. Regozijar-se do que plantou. E aceitar-se pelo que não pôde plantar ou fazer. Sentir alegria pelo que seus amigos e parentes conseguiram e produziram. Compartilhar. Mas, também, observar os que se atrasaram no progresso material, moral e espiritual, com misericórdia e compaixão, ajudando, se possível.

Assim, renovado, como a águia, levar o barco com alegria ao porto alegre do destino comum, lembrando que a morte não significa um ponto final, mas um ponto-e-vírgula, ou de seguimento, já que não ocorre "o descanso eterno", mas labutando com a experiência adquirida, com outra roupagem, em oportunidades ascensionais que lhe serão apresentadas.

O escritor alemão, radicado no Canadá, Eckhart Tolle, em sua obra *O poder do agora*, enfatiza que somos bombardeados o tempo todo por ideias negativas. São os amigos, muitas vezes, ao fugir da nossa presença, que nos alertam do nosso mau humor. "É como vício, o pensar compulsivo, que não quer parar", sugere.

Price Pritchett, especialista em Psicologia Positiva, em seu livro *O otimismo atrai o sucesso*, destaca que provavelmente 70% dos nossos pensamentos negativos nos passem despercebidos, mascarados por queixas, lamentações, críticas, ou pena dos outros, como uma "mente desfocada, ocultando a realidade".

A doutora Linda Spangle, especialista em livros educativos sobre a perda de peso, afirma que a mente tem um papel importante nos resultados que obtemos em qualquer questão. E dá um exemplo concreto: Um homem se atrasa para um encontro com a namorada e esta já imagina motivos negativos, como um encontro casual com outra, o desvio, o esquecimento, quase sempre imaginando o pior para ela mesma. E, às vezes, conclui que os homens não prestam.

Tudo vai depender da maneira como vamos enfocar o problema. Está em cada um de nós. *Adote novos comportamentos,* assinala a psicanalista Cida Lessa. "Ouvir a voz interior", sempre enfatiza Tolle.

Autores modernos falam em *coaching,* que é emprestar novo significado às coisas que se nos apresentam. A ressignificação.

4

CÂNCER

"Os grandes feitos são conseguidos não pela força, mas pela perseverança."

Samuel Jackson

Segundo o Ministério da Saúde, câncer é a doença que mais mata no Brasil, perdendo apenas para as que afetam o sistema circulatório. Os mais comuns são de pele, da mama, do pulmão e da próstata. A maioria das causas reside na genética. Porém, a má alimentação e os hábitos de vida contribuem em muito. Dentre estes, os acometimentos emocionais, a intranquilidade, o estresse, as perdas familiares ou afetivas.

Com base em estudos do *The compreensive câncer prevention program*, enunciaremos dez dicas para se prevenir o câncer.

1. Dieta saudável reduz em 40% o risco. Legumes e frutas, além de cereais previnem a ocorrência. Menos carnes vermelhas e gorduras também, com a vantagem de manter a forma física.
2. Atividades físicas pelo menos cinco dias na semana, por 30 minutos. Basta caminhar em passos rápidos. Transpirar e respirar.
3. Exames preventivos do colo do útero (papanicolau) são importantíssimos.
4. Homens com idade superior a 50 anos devem submeter-se anualmente a exame de próstata, seja pelo PSA, detectável no sangue, seja pelo toque retal, abolindo-se o preconceito.
5. Fique atento pela ocorrência de anormalidades na boca e na pele, buscando auxílio médico, em caso de suspeita.
6. O fumo é responsável por 30% dos óbitos decorrentes de câncer. Pare imediatamente. Evite ambientes de fumantes. Dê preferência a empregados não-fumantes.
7. Evite o álcool.
8. Mulheres com idade superior a 40 anos devem fazer mamografia anualmente, não desprezando o autoexame das mamas.

9. Se acima de 50 anos, fique atento ao exame preventivo de câncer dos intestinos. Converse com seu médico.
10. Evite expor-se ao sol, em horários críticos (das 10 às 16h). Use boné e protetor de pele (filtros com fator igual ou superior a 15).

5

NEUROPEPTÍDEOS

> **A mente que se abre a uma nova ideia, jamais voltará ao seu tamanho original.**
>
> Albert Einstein

Anuncia-se para este terceiro milênio a adoção pública dos princípios espíritas pela Ciência dos homens.

Com efeito, já de algum tempo, mercê do trabalho das Associações de Medicina e Espiritismo, em cada Estado, lideradas pela Associação Médico-Espírita - AME, com sede em São Paulo, onde tem sede, também, a Associação Médico-Espírita Internacional, a ciência dos homens vem se aproximando, cada vez mais, dos fundamentos kardequianos.

Aliás, o codificador, com sua imensa sabedoria — "o

bom-senso encarnado", como proclamou o insigne astrofísico Camille Flammarion, na sua despedida à beira do seu túmulo –, sempre afirmou que onde a Ciência mudasse, o Espiritismo também aí mudaria. Portanto, uma ciência aberta às especulações e pesquisas, nunca enclausurada ou hermética.

Mas, no campo da Neurologia, ao lado dos mestres da Universidade Estadual de Campinas, eis que surge o Dr. Richard Schulze, com um revolucionário livro, *Common Sense Health and Healing*, dissecando uma nova tese, dos neuropeptídeos.

Descobriu-se que as coisas mais temíveis não são as bactérias, mas os pensamentos e as palavras. Diz-se que há um nutriente, mais importante que as vitaminas, os minerais e as enzimas, que é justamente o amor.

O cérebro é quem comanda. Ao avaliar as situações, o cérebro libera substâncias químicas, os neuropeptídeos. E que a resposta do sistema imunológico às provocações está condicionada ao pensamento.

Nas filigranas das células neuronais, da mesma forma que a serotonina, as dopaminas, haveria a incidência dos neuropeptídeos, responsáveis pela pronta resposta elétrica, encaminhadas com a velocidade de um processador de dados muito potente, capaz de acionar mecanismos que protegem, ou, por outro lado, deprimem.

6

DEFICIENTES

"**Ser homem é ser responsável. É sentir que colabora na construção do mundo.**"
Antoine Saint-Exupéry

Hellen Keller (1880-1968) foi a primeira pessoa no mundo a adquirir diploma de nível superior sendo portadora de tríplice deficiência, posto que era cega, surda e muda.

Em uma olimpíada desportiva para deficientes, ao dar a largada, um deles tropeçou e caiu. Os demais voltaram, levantaram-no, deram-se os braços e, em linha, reiniciaram o percurso, chegando todos juntos ao termo final da corrida. Uma demonstração do quanto pode a solidariedade humana e o esforço pessoal na superação dos obstáculos.

O famoso maestro João Carlos Martins, que iniciara ao piano aos oito anos de idade e após nove anos vencia um concurso da Sociedade Bach de São Paulo e iniciava uma *tournée* pelo mundo, caiu sobre uma das mãos, em uma partida de futebol. E a mão atrofiou. Submeteu-se a severo e doloroso tratamento, que incluiu cirurgia, fisioterapia e até injeções na palma da mão.

Não bastasse tamanho infortúnio, o maestro sofreu, quando se apresentava na Bulgária, um assalto, que produziu lesões graves em ambas as mãos, obrigando-o a novas cirurgias e fisioterapias, ficando, afinal, em 2002, com paralisia total das mãos.

Mas isso não o esmoreceu. Aos 63 anos de idade, foi estudar regência em Londres, chegando a reger a sua famosa Orquestra de Câmara, e, depois, em São Paulo, executou a Grande Sinfonia de Beethoven, sem usar as partituras, inteiramente de cor, posto que não poderia virar as páginas com as mãos. Uma força de vontade inexaurível!

Antonio Francisco Lisboa, apelidado *O Aleijadinho*, executava suas valiosas peças de escultura com grande sacrifício, pois padecia de incurável moléstia que praticamente lhe comia os dedos, mas não arrefecia o entusiasmo pelas obras de arte que legou à posteridade. Diz-se que ele era a reencarnação de Michelangelo, autor dos afrescos da Capela Sistina, no Vaticano.

As restrições fisiológicas que trazemos nesta vida são, muitas vezes, fruto da nossa invigilância em eras passadas. E ao reencarnar, trazemos inscritos no inconsciente os registros da experiência adquirida, suscitando a vontade de realizar, como forma de resgate de oportunidades perdidas ou mal aplicadas.

A melhor forma de cumprir bem essa etapa de vida é aceitar as vicissitudes resignadamente e lutar, com as forças pessoais, amparado por Deus, para a superação do infortúnio, em vez de acomodar-se na dor e comiserações do próximo.

ATENDIMENTO HUMANIZADO, SOBRE AS TRÊS BASES: DESINTOXICAÇÃO, CONSCIENTIZAÇÃO E ESPIRITUALIDADE

Somos uma comunidade espírita para tratamento de dependência em álcool e drogas. Atendemos pacientes do sexo masculino, com internação feita voluntariamente.

O tratamento é por período de 4 a 6 meses, sendo os 3 primeiros meses para desintoxicação, laborterapia, conscientização e espiritualidade, e o tempo restante para ressocialização e prevenção de recaída.

A recuperação poderá se estender para 6 meses dependendo da avaliação da equipe técnica, composta de psicólogo, médica, técnicos e especialistas em dependência química.

O paciente é recebido numa chácara muito acolhedora. Nosso atendimento é limitado a um máximo de 18 pessoas, um trabalho bastante personalizado e afetivo.

O preço mensal inclui consulta médica clínica geral), exames de laboratório e academia três vezes por semana.

Os internos têm atividades diversas de segunda a domingo, em todos os períodos (manhã, tarde e noite).

Frequentam Academia e os grupos de AA (Alcoólicos Anônimos) e NA Narcóticos Anônimos), saindo praticamente todos os dias da Comunidade, em ressocialização.

Às quartas e sábados têm futebol, piscina e pesca.

Durante a semana os internos vão para a cidade de Capivari para atividades espirituais (palestra e curso), para a cidade vizinha, Rafard, onde participam do grupo de NA.

Os residentes não ficam reclusos integralmente, e através das atividades supervisionadas logo se sentem melhor, mais dispostos e se tornam mais participativos.

Na Comunidade frequentam reuniões três vezes por semana com cada especialista: psicólogo, oficineiro, especialistas em dependência química e especialista em espiritualidade. Ainda há as atividades com os monitores, que trabalham a laborterapia, organização da casa e avaliam metas pessoais.

Logo que o interno chega, passa por um médico clínico geral e faz exames de laboratório, sem custo para o paciente.

A Comunidade Psicossomática Nova Consciência utiliza-se de profissionais especializados e técnicas atuais de recuperação e laborterapia, com oficinas nas quais os internos têm acompanhamento psicológico e médico socializado, além do atendimento individualizado.

Para desenvolver essas atividades, a Comunidade conta com uma ótima estrutura, acomodações confortáveis, campo de esportes, ambiente para palestras e cursos, cozinheiro próprio, transporte próprio, tudo visando à plena recuperação dos internos.

Nossa metodologia se apoia nos conceitos bases dos grupos de NA e AA:

- Fazemos a desintoxicação, conscientização e trabalhamos a espiritualidade.
- Reabilitamos mental e emocionalmente.
- Resgatamos a prática de valores éticos, morais e espirituais.
- Praticamos a qualidade de vida e a reintegração social.
- Orientamos e atendemos as famílias.

O trabalho é desenvolvido pelos seguintes profissionais:

- psicólogo (1), monitores (3), técnicos em dependência química (3), médico (1), coordenador (1), oficineiro (1), especialistas em dependência química (2) e palestrantes convidados.

Fale conosco!!!

Fale conosco!!!

Queremos saber sua opinião sobre o livro: ______________________

______________________ (favor mencionar o nome do livro)

7

BELEZA PURA

"Quando a esperança está dispersa,
a verdade me liberta. Chega de
maldade e ilusão."

Renato Russo

Proliferam as clínicas de estética, academias de ginástica, *spas*, objetivando tornar o físico mais atraente, sobrevivendo à competitividade que se instala em todos os campos da atividade humana.

Jovens, artistas, todos buscam os segredos de um corpo perfeito. Tratamentos caros e especializados são procurados com ansiedade quase obsessiva, experimentando as mais sugestivas terapias, na procura da beleza que o tempo consome.

Audrey Hepburn, famosa atriz norte-americana, indagada a respeito, sintetizou algumas sugestões:

Se você deseja possuir lábios atraentes, fale com ternura.

Se pretende ter olhos encantadores, procure ver o lado positivo das pessoas.

Para uma silhueta esguia, compartilhe sua comida com os que têm fome.

Para cabelos bonitos e sedosos, deixe uma criança passar os seus dedos sobre eles, ao menos uma vez por dia.

Se você quer ter uma postura de sabedoria, nunca ande só, atraia pessoas à sua volta.

Não despreze ninguém. Muito mais que as coisas, as pessoas devem ser restauradas, revividas, requisitadas, perdoadas.

Lembre-se que você tem um verdadeiro amigo na extremidade dos seus braços, em cada uma das mãos: uma que ajuda a você mesmo, e outra que ajuda os semelhantes.

A beleza de uma mulher não reside nas roupas que veste, na imagem que ostenta, ou no penteado que encima sua cabeça. A sua beleza deve ser encontrada nos seus olhos, que cintilam, porta de acesso ao coração, onde mora o amor.

A beleza de uma mulher não está na face que exibe,

mas refletida na sua alma, naquilo que ela dá, na compaixão que demonstra.

A beleza da mulher cresce com o tempo, engrandece com as experiências, vai além da imagem física, que é passageira, na serenidade da face, no carinho dos gestos, na meiguice do olhar.

8

CAIXA DE PANCADAS

> "É fundamental diminuir a distância entre o que se diz e o que se faz, de tal forma que num dado momento a tua fala seja a tua prática."
>
> Paulo Freire

Costumava-se dizer-se, ao tempo em que a mulher não trabalhava fora, que ela era verdadeira "caixa de pancadas", posto que o marido, ao chegar da rua, desabafava todos os problemas, aborrecimentos e contrariedades com que se defrontara no dia. Era o desabafo.

Ela, por sua vez, que ficava com as crianças e os problemas domésticos, muitas vezes dizia: "Deixe o seu pai chegar...", e relatava-lhe todos os aborrecimentos do lar. Era um desabafo mútuo.

Hoje, ao se reencontrar, à noite, no lar, ambos trocam amenidades, discutem alguns problemas do trabalho, outros domésticos, mas, cansados, não avançam muito, buscando o merecido descanso.

Todavia, temos necessidade de alguém, da nossa intimidade, para revelar (desabafar) alguns problemas, o que não podemos nem devemos fazer com estranhos, revelando particularidades que fragilizariam a nossa personalidade, o conceito social, a estrutura familiar etc.

Dessa forma, transformamo-nos, mutuamente, em caixas de pancada, ouvidos para escutar as lamúrias do outro, e, o que é mais importante, oportunidade para aconselhar, advertir, ponderar, esclarecer, pois, dois pensam melhor que um e quem está de fora vê melhor do que aquele que está envolvido emocionalmente.

Assim, o cônjuge, como um bom amigo, os pais, irmãos, de quem confiamos, são indispensáveis no equilíbrio emocional. Não é por outra razão que os psiquiatras e psicólogos ouvem mais do que falam.

Igualmente, não é à toa que instituições humanitárias, que prestam serviços de ajuda psicológica por telefone, recrutam, para o socorro aos que se encontram aflitos e desesperados, aquelas pessoas que têm perfil de "bons ouvintes", aptas a escutar mais do que falar.

Dessa forma, sejamos também bons ouvintes uns

dos outros. Pacientes e cuidadosos, confiáveis e discretos, que escutam e guardam para si os segredos da intimidade. Equilibrados e ponderados, que escolhem o conselho adequado para cada momento.

9

O VALOR DA VIDA

"**Mais difícil que saber perder,**
é saber ganhar..."
Eduardo Campos

Foram 25 suicídios, somente na empresa France Telecom, nos anos 2008/2009, devidos, segundo os quatro sindicatos que representam os empregados, às más condições de trabalho e à expectativa de aposentadoria, que não se confirmou, por conta da reestruturação na área da previdência social francesa.

A Telecom iniciou um programa de meio expediente e promete estender a banda larga a todo o país, o que custará à empresa US$ 1,5 milhão, atingindo 14 mil funcionários em três anos, acordo sindical que abrange 68% dos empregados.

Jovens japoneses, tensos devido às exigências cada vez maiores dos seus pais, por desempenho escolar, são também levados ao suicídio.

Países nórdicos, como Suécia, Noruega e Dinamarca, têm altos índices de suicídios, sob alegação de perda do sentido da vida, posto que o Estado provê seus cidadãos de todos os recursos necessários a uma vida tranquila, do ponto de vista do bem-estar social.

No Brasil central, índios, envolvidos com bebidas, são inclinados ao suicídio, desesperançados pelas perdas dos seus territórios naturais.

As religiões oferecem muito pouco para desestimular o suicídio. Considerar pecado, ou impedimento de extrema unção, é insuficiente para reprimir prática tão lastimável.

A crença na reencarnação, na continuidade da vida após o decesso carnal, pela não interrupção dos termos da vida, levaria o homem a um comedimento, ressalvado os casos de loucura, nos seus mais variados aspectos.

Também a possibilidade de continuar a sentir os mesmos vexames, a padecer os mesmos problemas, conduziria o ser em desalinho a refletir sobre o tresloucado gesto. Ainda, a certeza de que voltaria, reencarnando em condições difíceis, reparando o erro que cometeu, de forma irrefletida.

O apoio de um ombro amigo, de um conselheiro

paciente e ouvinte, de uma família carinhosa e atenciosa, de uma vida econômico-financeira equilibrada, são antídotos naturais para que se evite o desesperado ato.

Importante é abrirem-se oportunidades benfazejas de auxílio, pela palavra que esclarece, pela ternura que acalma e liberta, para buscar-se o indispensável equilíbrio.

10

NEUROPLASTICIDADE

"A cada dia a natureza produz o suficiente para nossas carências. Se tomássemos apenas o necessário, ninguém morreria de fome."

Mahatma Gandhi

Um grupo de pesquisadores, na Inglaterra, curioso pela memória desenvolta dos taxistas de Londres, investigou as causas e explicação para tamanha eficiência desses homens na localização de ruas e bairros.

O grupo concluiu que tal se devia ao fato de que os taxistas exercitavam a mente todos os dias e, assim, acrescentavam informações novas, ao localizar uma nova rua e um novo endereço, atividade processada em um lóbulo cerebral, antes que essas informações fossem armazenadas na outra banda do cérebro.

Cientistas alemães, no ano de 2002, chegaram quase a mesma conclusão, examinando músicos, no que denominaram de circunvoluções de Heschl, a capacidade da mente humana de processar, no córtex cerebral, as informações variadas das pautas musicais, mantendo a avidez mental mesmo depois de idosos.

Da mesma forma, no ano de 2004, o Instituto de Neurologia de Londres, admitiu que pessoas versadas em mais de um idioma eram capazes de manter a mente em melhor estado do que as que usavam apenas o idioma pátrio.

Dessa forma, concluem os pesquisadores, novos neurônios podem ser fruto da força mental, quando obrigam a mente a se movimentar e a processar novas informações, diversas daquelas armazenadas.

Rotinas cognitivas levam as pessoas a utilizarem o que os pesquisadores denominam "piloto automático". Um hemisfério cerebral armazena informações e facilita a "leitura". O outro, com os fatos novos, processa tais informações e arquivam-nas. Quando deixamos de fazer uso daquele hemisfério, de forma frequente, os neurônios tendem a diminuir a multiplicação ou renovação, reduzindo a área de processamento, como uma esclerose cerebral.

Um antídoto para portadores da idade feliz, idade

da sabedoria, é procurar uma atividade que mexa com os neurônios. Pode ser fazer palavras cruzadas (pra quem gosta), leitura, do tipo de literatura apreciada, assistir televisão, conversar com vizinhos, ler jornais e revistas, sobretudo assimilando e emitindo opinião sobre os fatos do cotidiano, fatos políticos ou desportivos, por exemplo. Praticar desportos compatíveis, como *Squash* (raquete e bola na parede), frescobol, peteca, jogo de damas ou dominó.

Um passatempo feliz é dedicar-se aos netos. Levar e trazer da escolinha. Ajudar no banho ou nos cuidados de higiene. Outro passatempo útil é aplicar-se em ajudar ao próximo, em entidades religiosas e assistenciais. Telefonar para amigos, interligar-se através da internet, recebendo e enviando e-mails, seletivamente.

Enfim, não entregar-se ao desânimo, do tipo "estou ficando velho", ou "ninguém liga pra mim". Transformar o egoísmo natural nas pessoas em amor, verdadeiramente servir, ajudando, não apenas materialmente, quando se pode, mas, principalmente, pela palavra, pela prestimosidade, pelo desejo sincero de ajudar.

E, aí, a felicidade lhe baterá às portas. Uma sensação agradável fluirá de sua vida. Um sentimento de autoestima brotará e crescerá dentro de você.

11

XADREZ

"O que vale na vida não é o ponto de partida e sim a caminhada. Caminhando e semeando, no fim terás o que colher."

Cora Coralina

Na minha juventude costumava jogar xadrez, chegando a ganhar medalha em memorável Olimpíada das Polícias Militares, realizada em Curitiba, capital paranaense. O jogo de xadrez registrou importante faceta no meu modo de planejar as atividades, e realizar meus projetos. É que basicamente a sabedoria do jogo consiste em antever várias jogadas, lá na frente, e antecipar lances que vão influir grandemente no resultado final da partida.

Assim é a vida. Devemos fazer, sempre, planejamentos pequenos, médios e grandes. Ou seja, termos um grande projeto de vida, o que queremos ser, o que esperamos da vida e de nós mesmos, como realizar os estudos, um bom emprego, uma família. É como o lance final da partida, o xeque-mate, a jogada final.

A finalidade última da vida engloba os aspectos desta existência e, principalmente, o preparo para a Vida Eterna, posto que, espíritos imortais que somos, devemos todos aprontar a mochila de viagem, guardando realizações proveitosas. O que semeamos, é certo que colheremos no mais além.

Os projetos de médio curso consistem nos pequenos e médios empreendimentos, objetivando o projeto final, maior, que engloba os anseios de vida, como por exemplo, a formação acadêmica, a escolha da família, a seleção do emprego, a educação dos filhos, as atividades laborais, desportivas, religiosas e familiares que escolhemos.

E os pequenos projetos, ou planejamento, constituem as ligeiras incursões, rápidas realizações, de curto prazo, como fazer uma viagem, realizar um cursinho, preparar um escritório ou consultório, adquirir ou edificar uma casa para morar.

Dessa forma, toda realização é antecedida do pensamento, da construção mental do que queremos e desejamos: Idealizar, aspirar, mentalizar e realizar. O bom pescador prepara-se em terra. Leva na mochila os ingredientes de que vai se socorrer na grande jornada. Pensar é realizar.

12

NORMOSE

> **"Ninguém nasce odiando outra pessoa pela cor de sua pele, por sua religião. Para odiar as pessoas precisam aprender. E, se podem aprender a odiar, podem ser ensinadas a amar."**
>
> Nelson Mandela

Normose é patologia que consiste em querer ser ou precisar ser igual aos outros, isto é, copiar aspectos do comportamento, do vestuário, do físico e até do intelectual. Querer seguir os padrões aceitos pela média das pessoas em dada comunidade, como se fosse obrigatório preencher determinados requisitos sociais, que a sociedade parece impor.

Por exemplo: parecer alegre, saudável, bonito, sociável, bem-sucedido, nos padrões aceitos. Só que a moda, por exemplo, muda constantemente, no que se refere ao vestuário, impulsionada pela mídia.

Os padrões físicos, também, moldados na silhueta mais aceita, como a magreza das manequins, levando muitas meninas à bulimia (provocar vômito da comida ingerida, para não engordar) ou à anorexia, comendo o mínimo possível, para manter o perfil.

Outras vezes, exagerando na musculação e, até mesmo, ingerindo anabolizantes, para acentuar as formas musculares. Chega-se a ponto de adquirir, no mercado, medicamentos próprios para veterinária, objetivando adquirir rapidamente os músculos, levando com frequência os jovens, mal-orientados, à morte. Esse comportamento induz a outros, deploráveis, que são a inveja e a depressão psicológica, suscitando o uso de outros medicamentos.

O dr. Nailton Tenório, cirurgião do Hospital Geral de Barreiras, na Bahia, observa que muitos dos pacientes submetidos a cirurgias reparadoras pedem, também, a prescrição de ansiolíticos e antidepressivos.

Nesse ponto, O *evangelho é um santo remédio*, como já afirmamos em livro que traz esse título, na quarta edição. Com efeito, o evangelho chama a atenção para o dever *ser*, em vez de acentuarmos o querer *ter*.

A satisfação com o que Deus nos brindou, sem que

nos deixemos levar pelo paroxismo da inação ou da preguiça, acalma e leva-nos a uma satisfação pessoal, apreciando pequenas conquistas, de pequeno valor material, mas de grande importância para o nosso equilíbrio psicofísico e espiritual.

13

CASAMENTO FELIZ

"A consideração com os animais está tão nitidamente unida com a bondade de caráter, que se pode afirmar que quem é cruel com os animais não pode ser boa pessoa."

Schopenhauer

Não existe fórmula matemática para um casamento feliz. Apenas indicações gerais. Reproduziremos, aqui, alguns procedimentos salutares.

Respeitar a individualidade do outro. Conquanto os casais se aproximem por sintonia, tendências semelhantes, muitos se completam, em antíteses. Mas as idiossincrasias de cada um devem ser até certo ponto preservadas e respeitadas.

Os dois devem aprender a renunciar, a conformar-se com aspectos do comportamento do outro, que são fruto da sua educação, do meio em que viveu. Ajustar-se ao outro, adequar-se no que for possível. Aceitação e perdão, resignação e amor, sem cobrança, são remédios saudáveis para manter um bom relacionamento.

"Cumplicidade e afetividade, dois em um, são bons até certo ponto", afirma Ester Perel, terapeuta de casais em Nova York.

A empatia, o ato de colocar-se no lugar do outro, também é interessante, conclui John Gottman. Um ponto de equilíbrio significa manter-se alguma reserva, um do outro, até certos limites.

Cuidar-se. Nada está consumado. Os dois devem manter a aparência em bom estado, sem sofisticação, mas de forma a despertar continuado entusiasmo no outro, pelas roupas bem cuidadas, assim como higiene do corpo e cabelos, unhas aparadas. Uma conversa saudável, renovada, como se ainda fossem noivos. Nada de dizer: "Tem que me aceitar como sou", mas, sim, procurando melhorar-se sempre.

Dialogar! Que os cônjuges falem a mesma língua. Identificando-se no possível. Mesmo que tenham origens um tanto diversificadas, tanto social como intelectualmente, o casal deve buscar as identidades, como já observaram no namoro e no noivado. Que aparem suas arestas, suas diferenças, conversando normalmente.

"Que se evitem os berros e sarcasmos", diz a terapeuta Lana Harari. "Deixe o orgulho de lado, sendo humilde, e reconhecendo o próprio erro, penitenciando-se educadamente."

Negociar! Lana Harari lembra que após alguma discussão é preciso buscar-se uma conclusão, que pode passar por renúncia a pontos de vista, chegando-se a um acordo, que será bem cumprido. Muitas vezes o silêncio comunica muito mais que palavras.

Lazer e diversão. A vida não acabou. O romantismo tampouco! Saiam juntos, apenas os dois, para cear em algum lugar, para trocar ideias, e abram os corações. Façam reminiscências. Recordaçoes de bons momentos. Revelações sobre os filhos. Propostas conjuntas para uma boa administração do lar.

Reconhecer o esforço da mulher, na condução do lar, e ajudar nas tarefas domésticas, por mais rotineiras que pareçam e mais cansado que se apresente. Valorizar o trabalho do outro. Por parte dela, ouvir os problemas e queixumes do marido, temperando suas emoções, aliviando suas tensões. Todos precisam de um bom ouvido para que os escute. Apenas nos escute; sem admoestar.

Valorizar o *ser* em detrimento do *ter*. Encontrar felicidade nas coisas pequenas. Fazer projetos comedidos e plausíveis. Agradecer sempre o que se tem, o que juntos conquistaram. Aprender com os filhos. E com a vida. A vida nos faculta lições memoráveis.

14

SOMOS FELIZES. E NEM PERCEBEMOS

"A energia mental é o fermento vivo
que improvisa, altera, constringe,
alarga, assimila, desassimila, integra,
pulveriza, recompõe a matéria em todas
as dimensões."

Emmanuel/Chico Xavier

Em todo o globo terrestre, tomando-se a cota de 100 pessoas (100%) como parâmetro: 70 delas são analfabetas e 50 são desnutridas

Ainda com base nessa amostra, temos: um bebê prestes a nascer. Um a ponto de morrer. Somente um teria acesso à universidade. Só uma pessoa teria computador e acesso à educação.

Agora, se você acordou com saúde, tem mais sorte que milhões de pessoas que não a tem. Se nunca vivenciou guerra, prisão, tortura, fome, você está melhor que 500 milhões de pessoas, em todo o mundo.

Se você pode ir à sua igreja sem ser humilhado, preso, torturado ou morto, você é mais afortunado que bilhões de pessoas.

Se você tem comida na geladeira, roupa no armário, teto para morar, lugar onde dormir, você é mais rico que 75% da população do globo.

Finalmente, se você conseguiu ler estas linhas, tem mais sorte que bilhões que não sabem ler coisa alguma.

Assim, reflita e conclua: muita gente é feliz e não sabe disso.

15

PROVAS CIENTÍFICAS DA EXISTÊNCIA DE DEUS (I)

"Todos os seres humanos experimentaram vidas anteriores. Quem sabe quantas formas físicas o herdeiro do céu ocupou, antes que ele possa compreender o voltar daquele silêncio e solidão, cujas planícies estreladas são apenas a antecâmara dos mundos espirituais."

Honoré de Balzac

O nosso Sol é um milhão de vezes maior que a Terra. A cada segundo consome 600 milhões de toneladas de hidrogênio. Um ano-luz corresponde a 10 bilhões de quilômetros.

A nebulosa Órion está a 1.500 anos-luz da Terra e

conta com 300 bilhões de estrelas iguais ao nosso Sol. No Universo observável vê-se pelo menos 100 bilhões de sistemas estelares que contam em média com 50 bilhões de estrelas.

Até o começo do mês de dezembro de 2010, os cientistas estimavam que existissem 100 sextilhões (o número 1 seguido de 23 zeros) de estrelas no Universo conhecido.

Ao final do mesmo mês, já haviam mudado esse número por três vezes, observou o astrônomo Peter van Dokkun, da Universidade de Yale, e o astrofísico Charlie Conroy, do Centro Astrofísico Harvard-Smithsonian, em Massachusetts.

Então, como surgiu isso? Quem criou? Por que achamos que somos os únicos no Universo?

O corpo humano tem 100 mil bilhões de células. Há centenas de grupos de células diferentes, em constante comunicação entre si.

O cérebro é composto de 100 bilhões de células cerebrais, inteligentes. Em média 10 milhões de outras. Portanto, milhões de ligações celulares, tanto quanto de estrelas, entre 1 milhão de vias-lácteas (constelações de galáxias).

Uma célula cerebral estabelece contato com 250 mil outras células cerebrais, tarefa simples, como costurar. São 20 bilhões de cálculos por segundo, ou seja, milhões de vezes mais que o maior dos computadores conhecidos.

Como imaginar tal perfeição no reino das criaturas, sem a presença de um divino Criador, responsável pela ordem e equilíbrio de todas as coisas?

16

PROVAS DA EXISTÊNCIA DE DEUS (II)

"Perguntado por uma definição da Europa, serei forçado a responder-lhe que é aquela parte do mundo perseguida pela incrível ilusão de que o homem foi criado do nada, e que a sua existência atual é a sua primeira entrada na vida."

Schopenhauer

O dr. Creci Morisson, professor de História Natural da Universidade de Nova York, diz que a atmosfera que recobre a Terra conta com 60 quilômetros de espessura e que ela se desloca em torno do seu próprio eixo a uma velocidade de 1.600 Km/h. Portanto, revezam-se dia e noite em intervalos de 12 horas.

Se fosse a 160 Km/h, o dia teria 120 horas, e seria tão quente que impossibilitaria a forma de vida como a conhecemos. Se rodasse dessa forma, as noites seriam tão longas e frias, que o planeta seria recoberto de gelo. Se a crosta terrestre fosse mais alta em 3 metros, faltaria oxigênio.

E se a profundidade do mar, o fundo do oceano, fosse maior em três metros, também faltaria oxigênio, posto que as algas, responsáveis pela maior parte da fotossíntese, transformação do gás carbônico, estaria mais distante. Se a Lua ficasse mais próxima da Terra, as marés lavariam o dorso do planeta.

O Sol dista 150 milhões de quilômetros da Terra. Se distasse 100 milhões de quilômetros a vida seria impossível. Se a 200, igualmente, posto que seria um planeta gelado.

Tudo isso não acontece por acaso, afirma o cientista em sua obra. A Terra tem 7 bilhões de habitantes. O DNA dessa gente toda caberia dentro de um simples dedal de costureira. Não existem duas folhas vegetais absolutamente iguais.

Os peixes nadam centenas de quilômetros para buscar suas origens e ali desovarem, favorecendo o milagre da vida. Se direcionados para um afluente diverso daquele de onde se originou, insatisfeito, continuará buscando, nadando contra a correnteza. Da mesma forma, as aves voam milhares de quilômetros, buscando condições climáticas favoráveis para a postura, e assim manter a vida.

A vespa, ciente dos perigos naturais dos predadores que rondam as suas futuras crias, em face dos insetos que as devoram, enterram sua larva, buscam outro pequeno inseto, um gafanhoto, que mata e coloca enterrado ao lado dos futuros filhotes, para que eles dali se alimentem.

As enguias retornam às regiões abissais, para a reprodução satisfatória. O pássaro joão-de-barro constrói seu pequeno habitáculo, onde porá os ovos, de forma a protegê-los do frio, dos ventos e da chuva, no inverno, sabendo com exatidão de onde soprarão.

As cigarras atritam suas patas no cone do próprio corpo, produzindo o ruído que denominamos como cantiga, mas, à medida que se tornam adultas, crescem e morrem.

Na Austrália, para se protegerem, nas amplas e desnudas costas, foram plantadas cercas-vivas, que se multiplicaram de forma descomunal, ameaçando o ecossistema, posto que não estava preparado para isso.

Os entomologistas buscaram solução no Nordeste brasileiro, importando um besouro que era justamente seu agente predador, contendo, assim, a expansão indesejável das palmas.

No céu somente podemos observar 2.500 estrelas a olho nu. Com auxílio de um binóculo conseguimos ver 15 mil. Com um telescópio, 150 mil. Com o poderoso telescópio do Monte Paloma, na Califórnia, divisamos até 3 milhões. E com ajuda do Hubble (hoje já retirado de órbita), um bilhão. Só nesta nossa galáxia, o astro Betageu é um milhão de vezes maior do que o nosso Sol. Existem 100 milhões de galáxias.

Ao simples sentir, pelo olfato, o cheiro de carne assada, 5 milhões de papilas existentes na língua se agitam, na produção da salivação digestiva. Se nos ocorre um corte na pele, milhões de células se coagulam, impedindo a hemorragia. Morrem, por segundo, diariamente, 30 milhões de glóbulos vermelhos, substituídos por outros.

No cérebro, 100 mil células morrem diariamente, substituídas por outras tantas. Quanto ao coração, não existe bomba igual. Bombeia 30 metros por segundo, diariamente, durante toda a vida. E dizemos, simplesmente, "Deus é amor". (João Evangelista)

17

FAZ DE CONTA

"Estou certo de que estive aqui, como estou agora, mil vezes antes, e espero retornar mil vezes... A alma do homem é como a água. Vem do céu para depois voltar à Terra, em um eterno ir e vir."

Goethe

Quase sempre achamos que a grama do vizinho está melhor do que a do nosso jardim. Até o dia em que adentramos a casa do vizinho e descobrimos que a do outro vizinho está ainda melhor.

Outras vezes acreditamos que o apartamento ao lado do nosso está sempre alegre e em festa. Que lá não existe problema de forma alguma. Que todos estão felizes e bem satisfeitos.

O poeta Fernando Pessoa assinala: "Nunca conheci quem houvesse levado pancada. Todos eram campeões em tudo". É que ninguém revela suas fraquezas e derrotas, demonstrando sempre atitudes e fatos de que foram vitoriosos.

Ficamos a imaginar, lendo a bela revista *Caras*, que mostra em grandes fotos coloridas seus convidados para um fim de semana da Ilha de Caras, geralmente artistas e autoridades políticas, refeições com talheres e louças verdadeiramente reais, que nenhuma daquelas pessoas ali presente tem problema algum. E ficamos babando, em certos casos, no sofá, cortando as unhas do pé, com as cenas maravilhosas mostradas na telinha da TV.

As novelas são desenroladas em cenários estonteantes. E, quando o cinema exibe cenas terríveis acontecidas em ambientes familiares humildes ou paupérrimos, muitas vezes elas vêm acompanhadas de violência, choros e velas.

Na verdade, os fatos positivos da vida, como casamentos felizes, por exemplo, são menos divulgados do que os divórcios escandalosos. Pessoas que se reconciliam são menos exibidas no noticiário do que as que conflagram e digladiam.

Acidentes de trânsito e homicídios espetaculares vendem mais jornais que o silencioso trabalho missionário de pessoas que se dedicam a ajudar ao próximo. Parece que temos um prazer mórbido em acalentar a miséria humana, omitindo os exemplos edificantes.

Passamos aos jovens, na universidade, o sentido das lutas de classe, conquanto haja certa desigualdade entre o capital e o trabalho. Infundimos sentimento de impunidade, da "lei de Gerson" (levar vantagem sempre), em detrimento dos superiores valores éticos que presidem a vida. Não aquilatamos o que essencialmente nos faz crescer, progredir, vencer.

Somente quando os verdes anos forem sendo paulatinamente substituídos pela sabedoria vivida, é que lenta e progressivamente verificamos as nossas aquisições e o saldo positivo das experiências.

E, aí, sim, começamos a encontrar a verdadeira felicidade dentro de nós mesmos, aquietando os nossos espíritos com as conquistas imorredouras de cada um, na medida do próprio esforço para consegui-las. Ganhos pessoais de que ninguém pode se apropriar, que carregaremos definitivamente conosco.

18

CAMINHOS PARA A FELICIDADE

"Sinto que logo deixarei esta vida terrena. Mas, como estou convencido de que nada existe na natureza que possa ser aniquilado, tenho como certeza que o mais nobre de mim mesmo não cessará de viver. Embora eu me arrisque a não ser rei em minha próxima vida... Ora, tanto melhor!... Viverei mesmo assim uma vida ativa e, o que é melhor, sofrerei menos por ingratidão."

Frederico, O Grande

O médico, expositor e terapeuta Lair Ribeiro, em memorável palestra, apresentou dez propostas para sermos felizes. Anotamos, dada a notável experiência demonstrada pelo escritor consagrado, repassando, em resumo com pequena adaptação, alguns aspectos que nos pareceram interessantes:

Veja sua meta - Não visualize o que não pode, mas o que pode alcançar. Pense no objetivo a alcançar. Como uma bola arremessada, imagine atingir a meta colimada. Porque, se residir no erro, acaba equivocando-se.

Raízes - Empreste real valor às suas coisas, seus amigos, suas origens. Isso lhe fará bem. Vivências afetivas, pessoais, que fazem parte do seu tesouro pessoal.

Família - A nossa é a que escolhemos por ter. Não esquecemos, integra-se ao nosso patrimônio moral e afetivo.

Gratidão - Agradeça sempre pelo que tem, pelo que conquistou, o que lhe foi dado pela vida. Reter os ressentimentos pelo que não teve é carregar dentro de si angústias e problemas.

Empatia - Veja o lado do outro. Examine seus problemas, suas vicissitudes. Pense que por trás de um sorriso pode alguém carregar enorme crucificação, pelo que devemos entendê-la e perdoá-la. Vista a camisa do outro.

Fixar objetivos - Imagine o que deseja realmente, o que se quer. Concentre-se nele. Abandone os atalhos, fixando-se no objetivo maior, principal. Semelhante atrai semelhante. Pensamentos bons carreiam em sua direção, para que encontre as soluções.

Faça aquilo de que goste. E goste do que faz - Siga a intuição, a vocação. Mesmo que não resulte no melhor ganho material, mas, se for realização pessoal, será compensador. E, gostando do que faz, nenhum peso vai sobrecarregá-lo. O trabalho será sempre prazeroso, e, quem sabe, divertido. Existe a síndrome do aposentado, que sente falta do trabalho, que lhe era divertido. Acostumara-se ao trabalho, aos colegas, aos amigos.

Dinheiro - Em si, o dinheiro é neutro. Sua utilidade dependerá do que fizermos com ele. O apego compulsivo é que acaba se tornando tormentoso. A moeda é um instrumento de troca, de bens e serviços, facilitadora da vida. Pode fazer, quem a detenha, mais ou menos feliz. Tudo dependerá do seu bom ou mau uso, do projeto que dele fizermos, da dimensão que lhe emprestarmos.

Dúvidas - Troque a dúvida pela certeza. Afaste os vacilos e encare a definição e a decisão. Vá em frente. Avalie, defina, decida e siga imponente. Após jogados os dados, não adianta esfregar as mãos freneticamente, porque isso não muda a sorte da roleta.

Destemido - Seja destemido, pretendendo projetos viáveis, plausíveis. Mas não transforme o *ter* em compulsão inafastável. Não pergunte ao mundo o que ele lhe proporcionou, mas pergunte a si mesmo o que deixou para um mundo melhor.

19

DISCIPLINANDO AS ROTINAS

"Aqui jaz o corpo de Benjamin Franklin, impressor semelhante à capa de um velho livro de páginas arrancadas, abandonado ao léu, com seu título e seus dourados apagados. A obra não se perderá, pois, como ele acreditava, ela aparecerá uma vez mais em nova edição, mais elegante, revista e corrigida pelo autor."

Benjamin Franklin

Neurologistas ingleses e alemães, examinando taxistas e músicos, chegaram à mesma conclusão, observando a facilidade de resolução de tarefas triviais e de garantir a entrada de novas informações que vão alimentar os milhões de neurônios cerebrais, capacitando tomadas de decisões.

Cientistas do Instituto de Neurologia de Londres concluíram, em 2004, que os dois hemisférios cerebrais (circunvoluções de Heschl) realizavam tarefas distintas. Em um, as informações ficavam armazenadas, como um *background* histórico de todos os acontecimentos registrados, e, em outro, o da entrada de dados recentes, examinavam, com rapidez em milhões de vezes maior do que um computador, e correlacionavam com outras informações, e com decisões tomadas.

Assim, em alguns casos, o homem responderia como um piloto automático. Em outros casos, a informação era processada, nos arquivos, e, tomada a decisão, constituía o chamado arquivo remoto. E, à medida que o homem fosse envelhecendo, ou, por outra, não usando o potencial disponível, boa parte desse serviço ficaria adormecida e tenderia a diminuir o gerenciamento.

Algumas regras ajudam a disciplinar o uso adequado da capacidade da mente, facilitando as tarefas. Como, por exemplo, ao sair de casa, com um destino ou vários objetivos, visualizar o roteiro, as tarefas com que vai se defrontar, "puxando", assim, as informações arquivadas no arquivo remoto para o mais periférico, de uso imediato.

Assim, aumentam as chances de não esquecer, de avaliar e decidir, e, até, de favorecer o encontro de soluções melhores, mais rápidas e eficazes.

Outra técnica facilitadora é não empurrar o problema para o dia seguinte ou para mais tarde. Resolver logo, posto que, mais tarde ou no dia seguinte, novos problemas ocorrerão, necessitando mais esforço. Ao "dormir com o problema", não nos livramos dele, que permanece cobrando soluções, contribuindo para os estados estressantes.

De pequenos estresses, repetidos, faz-se um problemão. Entretanto, em alguns casos, submeter o problema "ao travesseiro", o repouso noturno permite, muitas vezes, acordar com soluções melhores.

Então, se não encontrar a solução de imediato, deixe-a navegar no limbo do inconsciente, revolvendo os arquivos, e, quem sabe, no dia seguinte a solução apareça pronta e acabada. Mas é preciso saber distinguir entre o *resolver logo* e o *deixar para amanhã*.

20

ANTIDEPRESSIVOS: OS QUE FUNCIONAM

"Nascer duas vezes não é mais surpreendente que nascer uma vez. Tudo na natureza é ressurreição."
Voltaire

O psicólogo norte-americano Irving Kirsch narra em seu livro *O império das novas drogas: Explodindo o mito dos antidepressivos*, que no mundo se gasta cerca de 20 bilhões de dólares, por ano, na compra de remédios antidepressivos, mas que a cura, melhoria dos pacientes, na maioria das vezes, decorre do efeito placebo.

Sua conclusão veio após a compilação de 57 estudos sobre o assunto, considerando que a depressão "machuca, incapacita para as atividades cotidianas, destrói laços afetivos, solapa a autoestima e pode culminar em suicídio".

Em seu livro *Ouvindo o Prozac*, o psiquiatra norte-americano Peter Kramer, falando sobre "a pílula da felicidade", depois de pesquisar 2.300 pacientes depressivos, observou que 25% da melhora se associa ao comprimido, mas que o restante se deve ao efeito placebo, e em menor escala à evolução da própria doença.

Kisch, apoiado nesse estudo e em seus trabalhos, concluiu que somente 18% de eficácia desses comprimidos contribuíram efetivamente para a cura. Assim, os 82% restantes devem-se a outros fatores, dentre os quais alinharemos algumas indicações neste capítulo.

Inicialmente diremos que sob a denominação "depressão" abrigam-se muitos outros transtornos da mente. Dessa forma tem-se a depressão ansiosa (taquicardia e sudorese), a depressão melancólica (tristeza, falta de energia, inapetência, raciocínio lento), a depressão pós-parto (receio de não conseguir cuidar do bebê), depressão sazonal (verificada nos países nórdicos, em face das noites longas do inverno), a depressão psicótica (alucinações), a depressão atípica (mais sono e mais fome, letargia e angústia).

Kisch elabora uma lista de sintomas, como abatimento, perda do interesse, perda ou ganho de peso, insônia ou sono, agitação ou lentidão, sentimento de inutilidade ou de culpa, redução da capacidade de raciocinar, de tomar decisão, de concentração, pensamentos fúnebres. E, quando associados dois ou mais fatores, ter-se-ia a depressão leve, moderada ou grave.

Os químicos têm verdadeiramente um papel importante, na configuração, envolvendo substâncias como a dopamina, a serotonina e a noradrenalina. Portanto, a farmacopeia (erro e acerto), aliada à terapia da palavra. Esta última não se esgota com a função do terapeuta, do psicólogo, mas envolve as atividades do lar, do grupo social, lúdico, desportivo, de trabalho e, principalmente, religioso, onde se busca, pela prece e outras terapias alternativas, coadjuvar os demais procedimentos.

Quase sempre o profissional centraliza tudo no que faz, até por uma questão comercial, neutralizando os demais contributos à cura da doença.

Por outro lado, a ocorrência da depressão transcende os aspectos meramente genéticos, ou do ambiente (estresse), das doenças físicas e uso de drogas em geral. Vai mais além. Para os que se filiam à teoria reencarnacionista, que Allan Kardec mostrou tratar-se de lei natural, incluindo os milhões de budistas e hinduístas no Oriente[1], a depressão tem raízes mais profundas e podem estar associadas a experiências negativas em outras existências. Haveria, olhando por esse prisma, uma causa anterior à presente existência. Reminiscências de outras existências, anteriores, que deixaram marcas no perispírito.

Em alguns casos, a alma pode eleger para si, numa nova existência, como forma de reparação de seus erros, a prova de viver a existência enclausurada nas tessituras da mente, ao abrigo dos seus antigos algozes, até que eles reencarnem também, libertando oprimido e opressores. Em outros casos, o ser que retorna ao corpo pode vir com pequenas sequelas, as quais devem ser tratadas de forma multidisciplinar, como enunciado acima.

Não é nosso objetivo adentrar aspectos da terapia médica ou psicológica. Por isso, limitar-nos-emos a algumas indicações, sugestivas, para melhoria dos portadores de depressão:

Atividade física - Caminhadas, práticas desportivas, lúdicas.

---

1 Mesmo no Cristianismo primitivo, a Igreja romana aceitava a Reencarnação, doutrina das vidas sucessivas (palingênese), mas tal crença se tornou herética pelo imperador Teodósio, no Concílio de Constantinopla (523 d.C), juntamente com outras teorias de Orígenes. A reencarnação passaria então a ser suprimida das leis canônicas, embora continue ainda hoje muito bem aceita pelos grupos chamados aficionados do Espiritismo.

Atividade mental - Lazer, jogos, leitura, cinema, filmes em casa, programas humorísticos, shows.

Apoio familiar - Saídas, passeios, viagens. E, sobretudo, muito amor. Fazer com que o portador de depressão se sinta estimado, amado. Elogiar seus pontos positivos, dispensando cobranças e críticas.

Assistência religiosa, no campo preferido pelo depressivo. Fazê-lo sentir-se amparado pela Divindade, que tudo vê, tudo perdoa e em tudo auxilia.

Nos aspectos do Espiritismo, com licença dos demais segmentos religiosos, indicaríamos as seguintes terapias espíritas:

Palestras - Ouvir preleções evangélicas à luz do conhecimento espírita, que é consolador por excelência, cujos postulados remontam às causas das enfermidades e sugerem as terapias que estão nas bem-aventuranças do Sermão da Montanha, legado pelo doce Rabi da Galileia.

Passe - Transfusão de energia (André Luiz), direcionada aos plexos e centros de força (*chacras*), influenciando a aura ou perispírito, fortalecendo o campo magnético, renovando as energias do corpo e da mente. O "corpo modelador das formas" — de que nos fala o engenheiro Hernani Guimarães Andrade, um dos poucos brasileiros citados na Academia de Ciências de Moscou — recebe os influxos positivos, modelando o perispírito, atuando no encarnado, tanto quanto no desencarnado.

Desobsessão - Atuando, pela terapia esclarecedora da mensagem do Cristo, desanuviando e desarmando espíritos recalcitrantes, entidades impiedosas, vingativas, incentivando o perdão e a libertação — do obsidiado e dos obsessores.

Água fluidificada - Energizando o psicossoma, corpo e mente.

Dessa forma, com paciência e resignação, persistência e dedicação, amor e sabedoria, poderemos minorar o sofrimento de tantos quanto busquem, decididamente, sem preconceitos ou fanatismos, a cura da depressão. Se conseguirmos, ao menos, sensibilizar as mentes que se aconcheguem desta modesta obra, nos daremos por bem servidos.

21

AIDS

"Fui mineral, morri e me tornei planta. Como planta, eu morri, e depois fui animal. Como animal, morri. E, depois, fui homem. Por que teria eu medo? Acaso fui rebaixado pela morte? Vi dois mil homens que eu fui; mas nenhum era tão bom quanto sou hoje. Morrerei ainda como homem, para elevar-me e estar entre os bem-aventurados anjos. Entretanto, mesmo esse estado de anjo, terei de deixar."

Al Rumi, poeta islâmico, 1200-1273 a.C.

O papa Bento XVI, em recente e inovadora posição doutrinária da Igreja Católica, decidiu pela permissão do uso do preservativo sexual, dito "camisinha", aos seus fiéis, considerando, principalmente, as prostitutas, normalmente mais susceptíveis de adquirir a Síndrome da Deficiência Imunológica, mais conhecida como Aids.

O jurista Rippert já dizia: "Quando a lei desconhece o fato, este ignora a norma". Somente no Brasil, que detém, aliás, um bom resultado no controle da Aids, sendo considerado modelo para vários países africanos, continente onde ela se alastra endemicamente, o HIV (vírus da Aids) afeta 0,6% da nossa população. São mais de 10 mil mortos anualmente. Na maior parte, homossexuais e usuários de drogas.

Desde sua eclosão na década de 80, a Aids já matou 40 milhões de pessoas, achando-se atualmente em declínio, à exceção do Norte e Nordeste do Brasil.

As causas apontadas residem na falta de cuidados sanitários e assepsia, afetando principalmente homoafetivos e usuários de drogas.

O dr. Mauro Sechter, cientista brasileiro que representou nosso país em um trabalho de pesquisa perante seis outras nações, falando a respeito de uma nova droga, que integra um coquetel de produtos químicos ministrados aos pacientes portadores do terrível vírus, diz que não se deve pensar ter se achado a solução definitiva, a imunização completa, mas que apenas mais um passo foi dado, no controle da enfermidade. Portanto, os cuidados devem permanecer.

Provavelmente com justo receio da Aids, passou-

-se a usar mais disciplinadamente os preservativos, que também previnem as demais doenças sexualmente transmissíveis — DSTs —, realizando maior controle da natalidade indesejável ou não programada.

Dessa forma, reduzimos a taxa de fertilidade, que era de quase 3% para 1,8%. Assim, famílias menos numerosas, como antigamente, proporcionam uma educação mais bem direcionada à prole.

A Aids, considerada um freio, acabou se impondo com maior disciplina à conduta sexual desregrada. Colabora, também, para um casamento mais fortalecido e feliz, desestimulando ações fora do matrimônio.

De um modo geral, as posições rígidas da Igreja têm por escopo diminuir os desmandos sociais, de toda ordem. As ameaças de castigos infernais tiveram por meta inserir nas populações certo temor, a fim de manter um equilíbrio social. À medida que a sociedade avança, esclarece-se, mudam-se os métodos, abrindo-se mais um pouco a consciência crítica dos próprios atos e sua responsabilidade pessoal em face da inexorável lei de causa e efeito.

Portanto, somos pessoalmente responsáveis pelo que fazemos, desaparecendo a figura de um Deus carrasco e impiedoso. O céu e o inferno passariam a residir dentro de cada um de nós.

22

UBUNTU

"Antes de nascer, a criança já viveu, e a morte não é o fim. A vida é um evento que passa como o dia solar que renasce."

Papiro egípcio, 3000 a.C.

Durante um congresso mundial pela paz, realizado na Europa, a jornalista e filósofa Lia Diskin narrou que um antropólogo, seu amigo, em pesquisa entre nativos de uma tribo africana, denominada *ubuntu*, resolvera fazer um teste com as crianças da aldeia.

Chamou as crianças e disse, apontando para um cesto pendurado em uma árvore:

— Reparem bem. Ali, naquela árvore, há um cesto que eu pendurei, contendo vários sacos com balinhas e bombons. O felizardo que primeiro lá chegar, após eu dar o sinal de partida, levará as guloseimas.

Dito isso, traçou uma linha com uma vareta no piso de areia, colocou as crianças em linha e pediu que aguardassem o "já" para que então corressem em direção ao cobiçado cesto.

Dado o sinal convencionado, observou, sem compreender, que em vez de correrem em disparada, elas se deram as mãos e marcharam juntas em direção à árvore, fazendo descer o cesto e repartindo o conteúdo com todas as crianças, igualmente.

Intrigado, ele indagou o motivo por aquele comportamento, contrariando o que se esperaria de uma criança, que deveria sair em disparada, para conquistar seu prêmio. Elas responderam que eram *ubuntu*.

Mais intrigado, ainda, quis saber o significado da palavra *ubuntu*. E elas esclareceram que *ubuntu* queria dizer, no dialeto da tribo: *somos felizes*. E se uma delas, apenas, fosse a ganhadora, desfariam o símbolo da aldeia, que é *somos felizes*, já que algumas poderiam ficar tristes.

No dia em que a humanidade se amar realmente, quando o sentido integral das palavras de Jesus — ama ao próximo como a ti mesmo (*diliges proximum cum te ipsum*) – forem inteiramente compreendidas e praticadas, o egoísmo será substituído pela fraternidade e solidariedade.

Ele também nos ensinou que ninguém veria o reino dos Céus se não se reconciliasse com seus inimigos. E mandou perdoar, não apenas sete vezes, mas setenta vezes sete, numa metáfora que muitos imaginam utópica.

Na hora em que os valores reais forem não o *ter*, mas o *ser*, as aquisições imorredouras, que a traça não corrói e o gatuno não furta, serão agregadas ao espírito ou alma, incorporando uma luminosidade ou vibração inconfundíveis, aumentando sempre de intensidade à medida que dilatar seus favores em benefício dos que ainda se demoram na escuridão dos desamores.

23

QUEDAS

"Da mesma forma que nos desfazemos de
uma roupa usada, para pegar uma nova,
assim é a alma se descartando de
um corpo usado para se revestir
de novos corpos."

Bhagavad Gita

Particularmente os idosos, mas não apenas eles, todos somos susceptíveis de levar quedas, com possibilidade de fraturas e lesões indesejáveis, e até comprometedoras.

Cerca de 30% dos idosos levam quedas, no Brasil. A maior parte, mulheres. Dessas, 40%, e dos homens, 28%, com mais de 75 anos, resultam em fraturas. Com ferimentos graves, são 5 a 10%. Mas podem chegar a 51% em pessoas acima de 85 anos. Dessas, dois terços cairão novamente, nos próximos seis meses. E, o pior: 70% dentro da própria casa.

Fatores de risco

Intrínsecos - Uso de medicamentos e o envelhecimento.

Extrínsecos - Ambiente e transporte público.

Causas

Redução da acuidade visual, auditiva, sedentarismo, fraqueza muscular e degeneração das articulações. Há, ainda, fatores posturais e deformações nos pés.

Doenças que podem contribuir

Cardíacas, pulmonares, neurológicas, osteoporose, artroses, labirintites.

Quanto aos medicamentos

Ansiolíticos, hipnóticos, antidepressivos, anti-hipertensivos, antiarrítmicos.

O que se deve evitar

Tapetes soltos, piso molhado, baixa iluminação, ausência de barras ou corrimãos nos banheiros e sanitários, boxes de vidro sem tapetes antiderrapantes. Evitar camas baixas e colchões macios ou flexíveis. Evitar sofás muito baixos e poltronas fofas demais.

Preventivos

Usar cadeiras ou banquinhos nos banheiros.

Manter interruptores de luz próximos à cabeceira da cama. Não deixar fios de extensões no caminho ou atravessados.

Na cozinha preferir armários baixos. Evitar o uso de escadinhas ou banquinhos.

Nas escadas, provê-las de corrimão. Não deixar bolas e brinquedos soltos nos degraus.

Manter interruptor de luz disponível.

Animais de estimação podem representar perigo de quedas indesejáveis.

Pequenos animais podem atrapalhar a locomoção dentro de casa.

24

TERAPIA DO RISO

"Honra a ti, Osíris, o Governador dos
que se encontram no paraíso,
tu que fazes renascer os mortais,
que renovas sua juventude."
Livro Egípcio dos Mortos

Como corpo e mente se encontram interligados, estados emocionais negativos geram energia negativa, levando ao desequilíbrio vital, à desarmonia interior, ocasionando perturbação psicossomática, podendo produzir muitas doenças de etiologia difícil de diagnosticar.

Devemos fazer uma avaliação bem definida, para um recondicionamento, resultando numa reprogramação de vida, passando a cultivar novos valores, pensamentos, crenças e sentimentos.

Para que haja mudança interior, a reformulação de atitudes, ante as vicissitudes que diuturna e naturalmente nos assolam, é preciso viver com fé, esperança, coragem e decisão, para uma vida plena de alegria e bem-estar, felicidade e prazer, tranquilidade e prosperidade, equilíbrio, saúde e paz interior.

Hipócrates, pai da Medicina, já adotava, no século IV a.C., brincadeiras na recuperação de pacientes. O norte-americano Hunter Adams vem usando, com sucesso, desde a década de 60, o riso como agente de cura. Ele construiu hospital beneficente voltado para a cura do corpo e da alma, utilizando-se da terapia do riso, dentre outras terapias naturais.

Em 1987, Franz Alexander, do Instituto de Psicanálise de Chicago, concluiu pelo caráter liberador do riso como meio eficaz de extravasar tensões. Na Alemanha, o Departamento de Psicologia de Düsseldorf demonstrou que rir é tão bom para o organismo quanto praticar esportes.

Na França, empresas fazem, antes de iniciar as atividades laborais, "sessões de riso".

Na Índia, o guru Madham Katara usa o riso no tratamento do estresse, inspirando diversos clubes em todo o país, destinados a esse tipo de terapia. Os japoneses, conhecidos pela sua longevidade, riem naturalmente, chegando a parecer ridículo, para os que não enxergam um pouco mais das aparências de cada um.

A moderna sociedade industrial, estressada, ocupada em *ter*, quase não tem tempo de rir, vivendo "trabalho" e preocupações 24 horas por dia. Chega-se a relegar à vulgaridade pessoas divertidas e engraçadas, que vivem sorrindo o tempo todo. E, até mesmo, perdem a capacidade de sorrir.

Ao rir, movimentamos uma série de músculos faciais e abdominais, além de irrigar melhor as artérias e o cérebro, sem falar-se na liberação natural das endorfinas, o hormônio da felicidade, do prazer, do bem-estar.

Segundo o dr. Eduardo Lambert, há vários tipos de sorriso: "amarelo", de aprovação, de apoio, de amizade, de banguela, de boca fechada, o cínico, o comprometedor, o cordial, o de cumprimento, o de desaprovação, o desconfiado, o discreto, o falso, o de flerte, o forçado, o franco, o de lado, o largo, o constante, o político, o quebra-gelo, o verdadeiro etc.

E vários outros tipos de riso, como: o aberto, o alegre, o animalesco, o contagiante, o discreto, o infantil, o espontâneo, o exagerado, o forçado, o coletivo, o de metralhadora, o solto, o relâmpago, o rápido, o ruidoso, o sardônico, o sério, o simples, o solitário, o tradicional, o vibrante.

Portanto, sorria, posto que mais triste que o sorriso triste é a tristeza de não saber sorrir. Sorria sempre, mas "com moderação".

25

VIVER MAIS

"Ninguém pode ser Sol sem renascer e sem livrar-se das paixões que entraram no último nascimento espiritual."

Hermes Trimegisto

O dr. Juan Hitzig, talentoso escritor, explica-nos que a boa regência da vida passa por alguns aspectos de *condutas* e *atitudes*, que ele sintetiza em algumas letras do alfabeto.

Com efeito, diz o inspirado terapeuta, tudo se resumiria no bom uso da letra *s*, como, por exemplo, serenidade, silêncio, sabedoria, sabor, sexo, sono, sorriso, os quais ensejariam a liberação dos bons hormônios, dentre eles, a *serotonina*, responsável pelo bem-estar físico, mental e espiritual.

Por outro lado, palavras iniciadas pela letra *r*, como ressentimento, raiva, rancor, repressão, resistência, seriam responsáveis pela liberação do hormônio *cortisol*, o qual acelera o envelhecimento.

As *atitudes*, envolventes daquelas palavras iniciadas por *s*, como ânimo, amor, amizade, apreço, aproximação, seriam aportes positivos, influenciando, enormemente, o bem-estar físico e mental.

Já palavras relacionadas à *conduta*, iniciadas pela letra *r*, gerariam depressão, desânimo, desespero, desolação.

Somos responsáveis por nós mesmos, pelo que pensamos e pelo que fazemos ou realizamos, respondendo, direta ou indiretamente, no curto, médio e longo prazo, dada a inexorável lei de causa e efeito, pelo resultado que produzimos.

O corpo físico e o corpo mental somatizam os bons pensamentos e as boas ações, influenciando, diretamente, na produção dos hormônios, nos batimentos cardíacos, nas afecções cutâneas, nas erupções na derme, na fadiga e na depressão.

Assim, cultivar os bons pensamentos, de amor e perdão, educar-se para o riso, disciplinar a alimentação e o sono, praticar exercícios, esse conjunto de atitudes e condutas levarão, com certeza, ao viver mais harmônico e feliz.

26

ESPORTES

"Ninguém realmente se importa; levante e dance."

Fernando Veríssimo

A rainha da Inglaterra, Elisabeth II, em declaração pública pela TV britânica, enfatizou a importância da prática dos esportes como atividade educativa que promove a interação e o equilíbrio do homem na sociedade.

A tradição dita que *"mens sana in corpore sano"*. O popular diz que quem não gosta de samba é ruim da cabeça ou doente do pé.

Mas nas práticas desportivas encontramos valores que nem nos damos conta. Em primeiro lugar, liberamos o estresse, gastamos energias, encolhemos e transformamos em músculos adiposidades desagradáveis, mormente no abdômen.

Interagimos com outros, aprendemos a acreditar no próximo e a depender uns dos outros, para que o time, como um todo, e não apenas o individual, se sobressaia.

Direcionamos energias.

Excretamos toxinas, pelo suor.

Fortalecemos o coração.

Limpamos as artérias.

Nos sistemas escolares de tempo integral, com ingresso pela manhã e permanência até a tardinha, aumentamos o aprendizado, o que inclui, além de atividades de artes teatrais e musicais, esportes.

Instituições escolares de alta qualidade reservam um bom investimento para as praças desportivas, incentivando as disputas dentro do próprio estabelecimento.

Temos a história de um amigo que ganhou alta soma na loteria e decidiu com a esposa em vez de comprar uma casa nova, mandar um filho problemático para estudar na Suíça. E, para sua surpresa, meses depois recebeu uma cartinha do filho querido dizendo que, após avaliação psicológica, percebendo os seus dotes desportivos e a grande energia física e mental do jovem, o encaminharam para todo tipo de atividade desportiva, paralela às propedêuticas, onde ele se destacou sobremaneira.

E, depois, vendo que seus colegas trabalhavam na própria escola, candidatou-se e obteve também o emprego remunerado, pelo que ele, a partir daquela data, dispensava o envio de dinheiro do Brasil, pelos seus pais.

Esporte é vida. Pratique e incentive a sua prática.

27

ERRO MÉDICO

> "Estou convencido que vivemos novamente e que os vivos emergem dos que morreram e que as almas dos que morreram estão vivas."
>
> Sócrates

Por equívoco, uma enfermeira ministrou vaselina na veia de uma criança hospitalizada que necessitava de soro fisiológico, para hidratar-se. A menina foi a óbito, para desespero dos pais, de ambas as famílias, e para escândalo no noticiário dos veículos de comunicação.

Alegou, com certa razão, que os vidros que estavam no mesmo armário e que continham as substâncias, soro e vaselina líquida, de igual tonalidade e aparentemente semelhante consistência, levaram-na ao lamentável engano, resultando na morte da paciente.

Erros dessa natureza, embora ocasionais, acontecem com alguma frequência e com desagradáveis consequências: responsabilidade administrativa, para o estabelecimento hospitalar; responsabilidade penal para a pessoa diretamente envolvida e até pessoas indiretamente envolvidas, que detêm o poder de mando e fiscalização. E, ainda, responsabilidade civil, indenizatória à família enlutada.

Em todas as organizações são conhecidas pessoas altamente responsáveis, que ficam o tempo todo orientando, fiscalizando, exigindo normas, enquanto outras há que se apresentam com certa negligência no trato com o trabalho e suas responsabilidades. As primeiras, tidas como "Caxias", ou severas, são olhadas com alguma antipatia, enquanto as segundas, passado o primeiro momento do fato delituoso, são levadas à conta de desafortunadas da sorte, e, quase sempre perdoadas ou submetidas a punições de somenos importância.

O fato é que, de uma sorte ou de outra, responderão, indelevelmente, nas suas consciências, acarretando um carma reparador que, em alguns casos, ultrapassa a presente reencarnação.

É bem conhecida e ilustrativa a história do Anjo da Noite, aquela jovem enfermeira, recém-formada, em

Londres, que cochilou e não vigiou a paciente entubada, que respirava graças à traqueostomia a que fora induzida. Ao debater-se, a paciente arrancou a canícula pela qual respirava, ocorrendo a sua morte.

O fato levou a enfermeira escocesa a sair de Londres, onde vislumbrava proveitosa carreira profissional, mudando-se para o pequeno País de Gales, onde adotou, como reparação pessoal, manter-se todas as noites acordada, tomando conta de crianças operadas, em uma clínica hospitalar.

É certo que melhor que remediar é prevenir, não esperando que o pior aconteça. Não imaginar que o infortúnio não irá visitar-lhes. Mas, o mais comum é a descrença nos azares da vida, a comodidade das providências acauteladoras, os rigores da vigilância e responsabilidade, no que faz e com quem faz.

Portanto, prevenir é melhor que remediar.

28

FILHOS DO CORAÇÃO

"Quem é minha mãe,
quem são meus irmãos...?"
Jesus

Derredor do problema da adoção, anotamos alguns problemas polêmicos decorrentes, a que comentamos.

Adoção transracial

Pessoas de diferentes etnias e culturas, entre adotantes e adotado, podem gerar dificuldade de adaptações, carecendo de assistência psicológica. Os padrões do adotado não devem ser esquecidos, como fotos, lembranças, fatos, que podem ser administrados normalmente.

A partir dos estudos de autores como Melaine Klein,

Ester Bick, John Bowlby e Françoise Dolto, concluiu-se pela necessidade de não "desligar" do adotado a sua cultura, mantendo pontos de referência, para prevenir estresses.

Preferível a adoção da mesma raça, mas nada impede que de raças diferentes, desde que haja efetivo amor, vencendo as naturais vicissitudes que o convívio traz. Sugere-se promover o convívio com grupos de etnias miscigenadas.

Proporcionar contatos com crianças também adotadas. Estimular a consciência racial, oferecendo imagem positiva da sua raça. Familiarizá-la com material oriundo da sua raça ou dos seus ancestrais, ou mesmo pais biológicos.

Adoção homoparental

Adoção por pais adotivos do mesmo sexo. Acredita-se que tal adoção seja melhor que a criação perante os orfanatos e as ONGs. Estudo encomendado pela ministra alemã de Justiça, Brigitte Zypries demonstrou que não há diferença, desmentindo os preconceitos difundidos.

Quanto à homoafetividade, já não se sustenta a tese da patologia. Resolução do Conselho Federal de Psicologia proíbe ofertar-se tratamento ou cura para a reversão da sexualidade de casais homoafetivos, bem como tratar-se como patologia (Resolução CFP nº 01/99).

Nem aos filhos naturais, quanto aos fertilizados *in vitro*. Vários países já a adotaram, como Holanda e Dinamarca.

No Brasil, decisões judiciais já o permitiram. O que precisa ser observado é a emoção, capacidade de afeto e acolhimento, o que não é restrito aos homoafetivos.

O que importa é a disposição para doar-se, para ajudar, para compreender. Os traços de um ou de outro não devem ser escondidos, mas revelados oportunamente. Sem que signifique um padrão a ser seguido ou implique influência no psiquismo do adotado.

29

CHOCÓLATRAS

"Outro forte indício de que os homens sabem a maioria das coisas antes do nascimento está nas crianças que aprendem coisas com enorme rapidez, o que demonstra que não as estão aprendendo pela primeira vez, e sim relembrando-as."

Cícero (106-43 a.C.)

Acusado de ser gorduroso e contribuir para o aumento do colesterol indesejável, passou o chocolate de vilão a herói, amigo do coração.

Conhecido desde 1500 a.C. e originário de uma região da América Central (México, na atualidade), foi muito usado pelas tropas norte-americanas, em 1940, como ração "D", nutritivo para situações de emergências.

Os franceses, em 1985, estudaram os efeitos de uma substância encontrada no cacau, a feniletilamina, que o tornava irresistível. E somente na década de 90 o chocolate amargo foi reconhecido como amigo do peito, para os que têm predisposição às afecções cardíacas.

A Universidade de Connecticut, nos Estados Unidos, reconheceu seus efeitos benéficos para os atletas, na recuperação muscular, facilitando a reposição do glicogênio, principal combustível das fibras musculares durante as atividades físicas. O chocolate compõe-se de açúcares, gorduras, emulsificantes. Nos achocolatados, misturados ao leite, contêm cálcio.

Pesquisadores da Universidade de Middlesex, na Inglaterra, concluíram que o chocolate combate o mau humor, com menos estresse e mais satisfação. Estudos da Universidade de São Paulo constataram redução da incidência de eclampsia nas gestantes que ingeriam cacau.

O uso do chocolate amargo, segundo a Universidade Real de Copenhague, antes do café matinal, reduz o apetite, causando, consequentemente, emagrecimento.

Reduzindo a pressão arterial no abdômen, contribui para evitar sangramentos e até cirrose hepática, afirma o dr. Mario Guimarães Pessoa, vice-presidente da Sociedade Brasileira de Hepatologia.

À mesma conclusão chegou o epidemiologista Brian Buijisse, do Instituto Alemão de Nutrição, quanto à redução da pressão arterial.

Estudos com 31 mil voluntários, realizados pela Universidade de Harvard, em parceria com uma instituição sueca, concluiu que mulheres que ingerem chocolate amargo em até duas vezes por semana, são menos predispostas às disfunções cardíacas.

Ingerir chocolate ao menos uma vez por semana reduz o risco de derrame e isquemia cerebral, de acordo com estudos da Universidade McMaster, do Canadá.

O efeito agradável, de prazer, acalma e produz um bem-estar indizível. Todavia, advertimos aos chocólatras, como são chamados os viciados: o recomendável é o amargo, tanto o meio amargo, como os que detêm 90% de amargor, isto é, *sugar free*, pouco ou nenhum açúcar. E com moderação.

Essa ideia de moderação aplica-se a quase tudo em matéria de alimentação. Pois, até água, em excesso, pode prejudicar o organismo.

30

CONSELHOS DE UMA IDOSA

"Lê-me, leitor, se encontras forças, porque muito raramente voltarei a este mundo."
Leonardo Da Vinci (1452-1519 d.C.)

Regina Brett, aos 90 anos de idade, em plena pujança intelectual, manda conselhos aos seus leitores, na coluna "The Plain Dealer", de Cleveland, Ohio, nos Estados Unidos.

Ela repete algumas das recomendações dadas em 45 lições e acrescenta algumas novas, que extraímos, e, pela oportunidade, pedimos licença para incluir nesta obra:

1 - Em dúvida, dê somente um pequeno passo.

2 - A vida é muito curta para desperdiçá-la odiando alguém.

3 - É com seus familiares que você conta, na doença. Mantenha-se em contato.

4 - Pague mensalmente seus cartões de crédito.

5 - Você não precisa ganhar sempre. Aceite perder.

6 - Chore com alguém. Seja solidário.

7 - Economize para a aposentadoria, mesmo que o salário seja pequeno.

8 - Quanto a chocolate, é inútil resistir.

9 - Faça as pazes com o passado e, assim, ele não atrapalhará seu presente.

10 - É bom deixar as crianças verem que você também chora.

11 - Não compare sua vida com a dos outros. Você nem imagina o que elas são.

12 - Se um relacionamento tiver que ser mantido em segredo, você nele não deveria entrar.

13 - Respire fundo. Isso acalma a mente.

14 - Livre-se de qualquer coisa que não seja bonito, útil e alegre.

15 - Não importa como você se sente agora. Levante-se, vista-se e saia.

16 - No que se refere ao que você ama na vida, não aceite um não de primeira.

17 - Todo dia é dia especial. Não guarde lençóis e roupas bonitas para ocasiões. Use-os.

18 - Prepare-se mais do que o necessário. Depois disso, deixe fluir livremente.

19 - Seja excêntrico. Use a roupa que gosta e do jeito que prefira.

20 - O órgão sexual mais importante é o cérebro.

21 - Você é o principal responsável pela sua felicidade.

22 - Com referência aos fatos desagradáveis do passado, imagine que daqui a alguns anos isso nada importará.

23 - Opte sempre pela vida.

24 - Perdoe tudo de todo mundo.

25 - O que as outras pessoas pensam a respeito de você não é da sua conta.

26 - O tempo cura quase tudo. Dê tempo ao tempo.

27 - Não importa quão ruim seja uma situação qualquer. Ela passará.

28 - Produza!

29 - Deus te ama. E por isso nem precisa perdoar.

30 - Tudo que vai importar, ao final, é que você passou pela vida e amou.

31 - A inveja é uma perda de tempo. Você já tem o suficiente do que precisa.

32 - O melhor ainda está por vir.

33 - A vida não está amarrada com um laço, mas ainda é um presente.

31

VIDA FORA DO PLANETA

"Morrer é mudar de corpo, como os atores mudam de roupa."

Plotino (205-270 a.C.)

Cientistas da Nasa, a agência espacial americana, pesquisando formas de vida no Lago Mono, situado em região gélida e paradisíaca da Califórnia, Estados Unidos, constataram que a água ali, extremamente salgada e com alta concentração de arsênio, dada a sua toxicidade, não permitiria qualquer forma de vida.

Entretanto, para surpresa geral do mundo científico, verificaram que um elemento químico, arsênio, substituía plenamente o fósforo, que é uma das substâncias necessárias ao metabolismo celular, ao lado de outras essenciais, indispensáveis à formação do "corrimão" da molécula de DNA, ou seja, da vida, "uma quebra do paradigma sobre o que é realmente necessário para a vida", afirma o professor Douglas Galante, da Universidade de São Paulo.[2] O professor conclui, eufórico, que "a astrobiologia - ciência que estuda a evolução e distribuição da vida - está em festa".

"Essa descoberta ampliará consideravelmente nossa percepção sobre a vida", esclarece Felisa Wolf-Simon, diretora do Serviço Geológico, dos Estados Unidos, lembrando que "a vida, tal qual a conhecemos, pode ser muito mais flexível e que agora é a hora de descobrir, não restringindo suas buscas em planetas que detenham os mesmos elementos químicos que os da Terra".

Ora, meu Deus dos Céus! Os Espíritos informaram ao professor Denizard Rivail, cognominado Allan Kardec, que "há muitas moradas na casa do Pai". Eles repetiam Jesus, o divino Mestre.[3]

Isto significa dizer que há formas de vida diferentes, não como as concebemos em nosso minúsculo planeta, mas, certamente, outros tipos de vida. Assim, como afirmam os cientistas da Nasa, é possível que exista vida extraterrestre em Titã, uma das luas de Saturno.

---

2 Além do fósforo, outros elementos são indispensáveis à vida: carbono, hidrogênio, oxigênio, nitrogênio e enxofre. (Nota do Autor)

3 *O Livro dos Espíritos*, publicado em 18 de abril de 1857, na França, berço do Iluminismo, que rompeu os limites das Ciências e das Artes. (Nota do autor)

André Luiz, espírito, através da respeitável psicografia do elevado mensageiro Chico Xavier, esclarece que até mesmo o Sol, nosso astro de quinta grandeza, usando os parâmetros dentre milhões de galáxias, é habitáculo de espíritos de pura luz.

Afinal, os escritos e desenhos rupestres, encontrados por pesquisadores paleontólogos, nas cavernas, demonstram a visita, na idade antiga, de seres trajando roupas espaciais, montados em artefatos aéreos então desconhecidos, que seriam os ETs e discos voadores, chamados objetos voadores não-identificados. Esses seres em nada se parecem com os humanoides. Portanto, adaptados, naturalmente, ao ambiente em que vivem.

Finalmente, para concluir, seria de extrema ignorância desconhecer-se, ante os avanços das viagens espaciais e fotos do telescópio Hubble, que a Terra é simplesmente um pequeno ponto no sistema solar, dentre milhões de galáxias compostas por milhões de constelações de estrelas, que giram, após o *big-bang*, em indizível harmonia celestial e equilíbrio gravitacional.

O que vem confirmar o axioma ditado pelos Espíritos Superiores a Allan Kardec: todo efeito inteligente provém de uma causa inteligente - que é Deus. Não um ser antropomórfico, mas a inteligência suprema que nos dirige.

32

DROGAS: CAUSAS (I)

> "Um ocidental indagou a um chinês como fazer para que haja tanta gente magrinha. Ele respondeu: Comer a metade, andar o dobro e sorrir o triplo."
>
> Autor não identificado

As drogas ou substâncias que produzem dependência química dividem-se em lícitas (ou sociais) e ilícitas (proibidas).

Dentre as permitidas pela sociedade, encontram-se o fumo e o álcool. O primeiro, contido em cigarros, charutos e correlatos. O segundo, presente nas bebidas destiladas, uísques, aguardentes, cervejas, vinhos. As proibidas encontram-se nos narcóticos em geral, desde a *canabis sativa*, ou maconha, o crack, a cocaína, a heroína.

A maconha é usada em forma de cigarro. O *crack*, acendido como pedra em cachimbos. A cocaína e a heroína, por sua vez, consumidas em pó, são inaladas ou aspiradas, e, ainda injetadas na corrente sanguínea, em estruturas precárias de introdução, sem assepsia, muitas vezes de uso coletivo, potente transmissor de agentes patogênicos, principalmente o vírus HIV, causador da Aids.

Além desses, podemos incluir substâncias de uso médico, como a morfina, sedativo para dores cruciantes, que levam a estados alucinatórios, ácido lisérgico (LSD), o *ecstasy*, que promovem um aparente estado de bem-estar, levando o usuário a ficar fora de si mesmo, a sensação de "viajar" ou desligar-se do ambiente, incapaz de discernir ou decidir.

As anfetaminas e ansiolíticos, de que somos um dos maiores consumidores mundiais, causam dependência química, reduz a capacidade de trabalho, encurta a vida.

No Brasil já são registrados 1.200.000 usuários de *crack*. Essa droga já está em 98% dos municípios brasileiros (2010). Vem se disseminando rapidamente dada a facilidade de armazenamento (pequenas pedras, de baixo custo) e transporte.

São o resultado de uma mistura de cocaína com bicarbonato de sódio, que lhe dá consistência, permite confeccionar pequeninos tabletes (pedras) e de fácil transporte e comercialização. Tem efeito muito rápido na viciação ou dependência. E devastador na saúde humana.

Provoca o dobro da euforia e eleva a pressão arterial, produzindo infarto e AVCs.

Todas, com o uso continuado, lícitas ou ilícitas, levam as pessoas a ficar dependentes, isto é, não podem passar sem elas, indo a ponto de promover toda sorte de estripulia, inclusive assalto e homicídio, para obtê-las, quando em situação aflitiva de necessidade psicossomática.

É aterrador saber-se que motoristas de caminhões de carga, para vencerem o sono, vêm substituindo os chamados arrebites pelo *crack*. Obrigados a cumprir jornada curta, para entrega rápida de mercadorias, em face das exigências de mercado, sob pena de despedida, arriscam-se nas estradas, sendo o sono, hoje, o responsável pela metade dos acidentes.

Antes se dizia que era um terço. E as "puladas" de pista, sobre o canteiro central, atingem mortalmente o veículo que vem em sentido contrário, pelo dobro da carga de impacto (somatório das velocidades), pela via de "não escape" proporcionada, e pela desproporção em face do veículo de menor porte.

É um desastre, literalmente, a enlutar famílias, acarretando perdas econômicas, seguros, pensões e indenizações por danos materiais. Algo que desafia as autoridades, particularmente o Ministério do Trabalho, no que se refere às jornadas excessivas, e o Ministério das Cidades, quanto aos patrulheiros rodoviários.

Causas

Dentre as variadas causas, situamos a desorganização familiar, a ausência de perspectiva na vida, a falta de emprego, as dificuldades de conseguir-se a posse de bens desejados, mormente os mais exibidos pela mídia, a carência afetiva e baixa autoestima, a inexistência de um liame religioso que conforte e auxilie nas chamadas "horas más".

Algumas dessas causas derivam da família, diretamente. Outras, do Estado, como ente maior, responsável pelo provimento das necessidades básicas dos seus cidadãos.

Não quer dizer que a incidência de uma dessas causas, sozinhas, por si só, possam dar azo à dependência. Quase sempre há um somatório de causas contributivas. A eclosão pode dar-se em um momento de crise, de um desses fatores acima apontados, coadjuvados em maior ou menor escala por outros e que podem ter como fator primordial, potencial da patologia, a oferta oportuna do produto vicioso.

Assim, do simples experimento, em um momento de crise emocional ou psíquica, pode sobrevir uma nova experimentação, que conduzirá a sua repetição e dependência. Eis aí o alto risco para que o simples usuário, para manter o consumo, se torne um agenciador ou traficante, envolvido nas teias do crime.

33

DROGAS: PREVENÇÃO (II)

> **"Não estabeleça objetivos longe demais de sua vida."**
> Aristóteles (360 a.C.)

A prevenção do vício pelas drogas passa, principalmente, pela família. Sua estrutura, os vínculos afetivos, a dedicação e atenção dos pais, a ausência de brigas e desentendimentos, o provimento das necessidades fundamentais, como alimento, higiene, educação e lazer, sem falar-se no amor, demonstrado e vivenciado no dia a dia.

A simples experimentação de droga pode causar dependência, na medida em que causa uma euforia e certo bem-estar, elevando os níveis de dopamina no cérebro, neurotransmissor associado ao prazer. A sua falta pode levar a uma depressão brusca, que pode durar até a próxima dose, e até levar ao suicídio.

Como o *crack* é fumado, inalado, em dez segundos chega ao cérebro, através dos pulmões, o efeito mais intenso, segundo a dra. Solange Nappo. E a concentração de cocaína é o dobro da encontrada no pó. Este, misturado ao cloreto de sódio, forma pedras que se partem (daí o nome *crack*), ao serem aquecidas no cachimbo. São de fácil transporte e comercialização e baratos.

Daí a popularidade alarmante. O usuário se sente energizado, alerta, sensível a estímulos visuais, táteis e auditivos, o ritmo cardíaco se acelera, as pupilas ficam dilatadas e a pressão arterial sobe. Pode ter um AVC na hora. Os pulmões são os órgãos mais atingidos, afirma a neuropsicofarmacologista gaúcha Helena Barros, da Universidade das Ciências da Saúde, de Porto Alegre (RS).

Além disso, uma adequada formação moral e religiosa, de qualquer que seja a sua índole ou preferência, que forneça substratos de uma crença em um ser superior, que nos dirige, protege e ama, é fator de proteção.

Muitas vezes, por comodismo, deixamos a criança livre, sem escolha. Devemos estimular a nossa crença, a dos pais, deixando que, ao se tornarem maiores de idade, optem por outro caminho, se assim o desejarem.

Essa crença, qualquer que seja ela, fortalece o ânimo, promove o caráter, ameniza o temperamento, educa para a vida.

Eis aí a importância do estabelecimento de pequenas, mas rigorosas, regras de uma moral familiar, fixando os deveres comuns, praticados e demonstrados por todos, pais e filhos, em todas as circunstâncias em que os fatos da vida se apresentem.

Estas normas devem vir desde pequeninos, tornando-se tanto mais complexas à medida que o amadurecimento favoreça a compreensão e assimilação, com os veículos de sua transmissão adequados às condições de cada um.

Não deixe que um traficante adote seu filho. Converse sempre com seu filho. Faça-o compreender que você é seu melhor amigo, que somente lhe deseja o bem. E que mesmo negando-lhe certas coisas, não significa que desgoste ou queira maltratá-lo. Explique-lhe clara e sinceramente as razões. Dialogue.

34

DROGAS: TRATAMENTO (III)

"Ninguém é dono da sua felicidade. Por isso, não entregue sua alegria, sua paz, sua vida, nas mãos de ninguém."
Aristóteles (360 a.C.)

Cada caso é um caso. Há receitas genéricas, que se aplicam de um modo geral às pessoas envolvidas com drogas. Claro que a umas mais que outras. Os casos mais simples podem ser resolvidos mais rapidamente que outros mais complexos. Se faltaram ao viciado aqueles ingredientes já anunciados, nunca é tarde para tentar aplicá-los.

O italiano Efrem Milanese, dirigente da Associação Lua Nova, adota o sistema de terapia integrada, o mesmo adotado na Colômbia, no Chile, e em vários países da América Central, envolvendo órgãos públicos e privados, no que tange ao trabalho, saúde, segurança e desenvolvimento social.

O dr. Marcelo Cruz, da Universidade Federal do Rio de Janeiro, não vê com bons olhos a internação do usúario em hospitais psiquiátricos, alegando que os mesmos são preparados para receber psicóticos. O procedimento, no entanto, é defendido pela psiquiatra Alessandra Dill, que admite a internação por longos prazos, em departamentos especializados, onde a abstinência total é indispensável.

O tratamento para dependentes químicos, incluindo-se fumo, álcool e químicos, passa por forte apoio familiar, assistência médica e terapêutica, atividades físicas e entretenimento, para que o adicto mantenha o corpo "cansado" e a mente em atividade.

Recomenda-se que haja interação entre os pacientes, uma interação psicológica. Remédios e terapia da palavra são essenciais, aliados às atividades físico-desportivas e uma boa e balanceada alimentação.

35

DROGAS: UMA TERAPIA ESPÍRITA

"A razão de sua vida é você mesmo."

Aristóteles (360 a.C.)

O conhecido médico baiano, dr. Antonio Nery Filho, especialista em drogas, diz que é fundamental a interferência amorosa, cuidadosa e respeitosa da família, na terapia com jovens adictos.

A dra. Fátima Sudbrack, da Universidade de Brasília, esclarece que é importante conversar sobre *perdas* e *ganhos*, mostrando a droga, como o *crack*, por exemplo, como remédio-veneno, porque proporciona prazer, mas, ao mesmo tempo, como veneno, causa enormes consequências danosas.

A função de educação e esclarecimento, com jeito e amorosamente, indicando ao usuário que deseja o seu bem, pode levá-lo à compreensão e decisão de abandonar o vício, encorajando-o a vencer essa barreira, ultrapassar a fase aguda. É preciso continuar apoiando o dependente, até que se livre definitivamente do vício.

E, mesmo depois de o haver abandonado, é preciso oferecer-lhe assistência de manutenção, com uma ideologia nova, que substitua antigas angústias, com ajuda na religião, nos esportes, no trabalho, na família.

O médico paranaense dr. Alexandre Seck vem há mais de 30 anos inovando na terapêutica de reabilitação de dependentes químicos na clínica que criou, para atendimento não somente a drogadictos mas também para todos os portadores de desequilíbrio, físico ou mental.

Ele vê o ser humano como um complexo biopsicossocioespiritual. E, dessa forma, trata o ser envolvendo todos os aspectos, desde a necessidade medicamentosa, ou química, mais a terapêutica psicológica, o ambiente em que o interno irá conviver, e, ainda, a terapia do passe, da desobsessão, da água fluidificada. Com efeito, muitos nascem com uma deficiência química, hormonal, energética, que precisa ser reposta.

Os problemas cármicos podem acarretar também a necessidade de associar a terapia da Psicologia com os excelentes ensinos do Evangelho de Jesus, que são comuns a todos os cristãos. E até mesmo aos agnósticos e aos adeptos de outros segmentos religiosos.

Finalmente, o ambiente do paciente, seja no lar, seja na clínica, devem ser preparados, adequados para melhor atendê-lo nessas necessidades biopsicossocioespirituais.

Por último, não se pode perder de vista a possibilidade da influência dos chamados "intrusos", ou simplesmente obsessores, desta ou de encarnações anteriores, cobradores aguerridos, rancorosos, empedernidos, que precisam ser trabalhados com o conhecimento espírita.

É claro que não faltam os demais ingredientes de um bom tratamento, com atividades físico-desportivas, ludoterapia, música, artes, trato da terra, entretenimento, leitura, televisão, evangelização. E, também, orações e passes magnéticos. Os resultados são bastante promissores.

Nessas organizações incluem-se seriedade e muito amor. Existe o voluntariado, mas, também, servidores contratados e com especialização, mas todos com esse embasamento amoroso e espiritual.

36

PENA DE MORTE E EUTANÁSIA

"**A tua paz interior é a tua meta de vida.**"
Aristóteles (360 a.C.)

Cornelius Dupree Jr., 51 anos, passou mais de 30, entre 1979 e 2010, em um presídio no Texas, Estados Unidos, acusado de estupro e roubo. Antes de sair em liberdade condicional, na sentença de 75 anos, um exame de DNA demonstrou que ele era inocente. Somente no Texas, 41 presos já foram liberados desde 2001, na condição de "erro judiciário", após testes desse tipo.

Conquanto a filosofia penal estabelecida pelos códigos de todo o mundo proclamem que todos são inocentes até prova em contrário e que *in dubio pro reu,* muitos passam boa parte da vida atrás das grades, inocentemente.

Agora, imagine em países que adotam a pena de morte?!

Se a finalidade da pena é reeducar o homem e não apenas punir ou intimidar os demais, de que adianta sacrificá-lo com fuzilamento, enforcamento, eletrocussão ou injeções letais?

Os espíritas têm como postulado básico a imortalidade do Espírito, que continuará no mundo espiritual tal qual desencarnou, com suas aquisições, boas ou más. A reencarnação na crosta terrestre tem por finalidade reeducá-lo para a existência plena, nas experiências corporais múltiplas, reencarnações que a Divindade nos proporciona. Por essa razão somos contrários à pena de morte.

Eutanásia

Consiste em provocar ou induzir pacientes em estado terminal à morte. Acontece que a vida pertence a Deus. Ele no-la dá e somente Ele pode tirá-la. Vários são os exemplos conhecidos de pessoas que, em estado terminal, tiveram sobrevida. Há o caso de Karen Ann, nos Estados Unidos, que após cerca de dez anos em coma, vida vegetativa, retornou à vida. E de um rapaz, com um projétil alojado no cérebro, que no dia do seu aniversário, vários anos depois, abriu os olhos e falou.

E o do menino Kim, adotado em um hospital público, por um casal, ainda bebê, sem as órbitas oculares, surdo, mudo, paraplégico. Já adolescente, tendo aprendido a andar com dificuldades, a mãe surpreendeu-se, tarde da noite, ao vê-lo tocando piano. E, mais ainda, ao falar pela primeira vez, respondendo ao questionamento da mãe estupefata ao exclamar, vendo-o ao piano:

– Você toca piano?

– Sim, mamãe.

O programa Fantástico, da *TV Globo*, mostrou-o executando *Brasileirinho*, que o repórter pedira e ele tocou divinamente, após escutar uma gravação do entrevistador, como se já a conhecesse.

No Brasil, como em outros países, vem se difundindo o que se denomina *ortotanásia*, que consiste em não adotar medidas artificiais de manter a vida, deixando o paciente ir em paz. O papa João Paulo II pediu, *in extremis*, que o levassem para a sua residência, onde desencarnou.

37

ABORTO

> "Pare de colocar sua felicidade cada dia mais distante de você."
>
> Aristóteles (360 a.C.)

A lei brasileira admite o aborto para salvar a vida da gestante ou nos casos de estupro. Os espíritas, conscientes da lei de causa e efeito e outras leis que regem o mundo moral, somente o admitem na primeira hipótese, considerando que ali já há uma vida em andamento e que o feto abortado poderá ter nova chance para vir ao mundo.

Pratica-se cerca de 80 abortos por dia, no país. Cerca de 30 mil por ano. Igual, aproximadamente, às mortes por acidentes de trânsito ou crimes de homicídio por arma de fogo.

Os motivos residem na vergonha social, condições econômicas, manutenção estética, estupro (posse sexual mediante fraude ou grave ameaça, ou de pessoas que não possam eficazmente defender-se, incluindo menores ou deficientes mentais).

Os riscos vão desde os aspectos legais, puníveis, para quem pratica ou se submete, incluindo os que promovem ou auxiliam, até as sequelas físicas e mentais, entre as quais podemos considerar as obsessões espirituais.

Os registros policiais difundidos nos jornais dão-nos conta de inúmeras gestantes que, logo após o ato de abandono do recém-nascido, arrependem-se, choram muito e não querem ceder o filho (que abandonaram horas antes) por nada deste mundo.

Nos casos de aborto, a sequela mental e espiritual é enorme, resultando na síndrome do pós-aborto, perturbação mental que em alguns casos leva ao suicídio. Noutros, obsessões terríveis, com imagens dolorosas, difíceis de erradicar. Se pensassem mais um pouco, não cometeriam o gesto tresloucado.

Nessas ocasiões se afiguram de extrema importância o bom aconselhamento, mostrando exatamente a sequela da decisão impensada, mormente em trabalhos de auxílio anônimo, por telefone, mediante programas destinados a auxiliar pessoas em conflito dessa natureza.

É o bom conselho na hora certa.

Uma vida vale muito e não pode ser desperdiçada. E, no caso, duas vidas, pois a gestante não se perdoará.

38

EGOLATRIA

> "O fruto do silêncio é a prece. O fruto da prece é a fé. O fruto da fé é o amor. O fruto do amor é o serviço. O fruto do serviço é a paz."
>
> Madre Teresa de Calcutá

O dr. Roy Chua, de Singapura, Ph.D. pela Columbia University, e professor da Harvard Business School (EUA), em brilhante estudo concluiu que o acesso ao luxo faz as pessoas tornarem-se egoístas.

Ele promoveu experiências submetendo pessoas à tomada de decisões, a partir de reuniões em ambientes diversificados, umas em salas luxuosamente decoradas, outras em ambientes bastante simples, verificando que os gestores eram influenciados pelo meio em que se achavam, despertando-lhes, ou não, sentimentos ególatras.

O simples desejo de consumir o luxo muda as pessoas. A noção de luxo envolve mais prazer pessoal do que funcionalidade ou ostentação. O luxo estaria ligado ao interesse pessoal. As conquistas materiais tornariam as pessoas mais individualistas.

Assim, tanto o luxo quanto o dinheiro alterariam as atitudes e as decisões das pessoas.

Daí, a doutrina espírita explicar a necessidade das reencarnações, o que, aliás, não é apanágio da Codificação Kardequiana, posto que anterior a ela, comum à natureza das coisas, muito encontrada no Oriente e até adotada por séculos pela igreja católica e seus mais respeitados áulicos.

Dessa forma, ao reencarnar em um ambiente de luxo, o homem poderia ter estímulos de riqueza, apego aos bens materiais, desenvolver egoísmo.

Ao contrário, ao retornar em um lar humilde, aprenderia a cultivar hábitos do desprendimento e do amor. O *homem integral* necessita passar por essas experiências. Daí encontrarmos pessoas ricas, mas desprendidas, como Sidarta Gautama Saquiamúni, ou Buda, e Francisco de Assis, que vieram à vilegiatura carnal para exemplificar o amor.

39

PROTEGENDO-SE NO SHOPPING

"Busca em teu interior a resposta para acalmar-te."
Aristóteles (360 a.C.)

Iniciamos, sob o título encimado, algumas recomendações importantes para proteger-se dos incidentes que nos acometem diariamente.

Comecemos pelas visitas ao shopping e supermercado, aonde vamos costumeiramente.

Seguem-se as sugestões de um especialista em segurança pública, posto que vivenciei 15 anos da vida na Polícia Militar, como oficial, mais 15 na Polícia Civil, como delegado, e hoje, aposentado, com experiência no geral e particularmente no Trânsito e no Corpo de Bombeiros.

No shopping e no supermercado:

Observe sempre em sua volta. Verifique se há pessoas suspeitas. Faça que sintam que você está atento. Mesmo ao sair, no estacionamento ou no ponto de ônibus.

Mantenha a bolsa bem segura e à frente do corpo. Carteira de cédulas não deve ficar exposta ou aparecendo a borda. Conduza pouco dinheiro, usando mais o cartão de crédito, que, inclusive, proporciona milhagem para viagens ou outros benefícios. Ao emitir cheque, preferencialmente cruze, com dois traços paralelos, ou o faça nominal ao tomador.

Ande em grupo, sempre que possível. Movimente-se rápido, olhando, de quando em vez, discretamente, para os lados e à retaguarda. Mas não precisa estar em pânico, ou estressada. Faça disso um hábito salutar e descontraído.

No estacionamento, antes de se aproximar do seu veiculo dê uma olhada no geral, se possível em volta. Não aceite acompanhamentos, inclusive de pessoas aparentemente uniformizadas, dizendo-se segurança. Não confie em avisos para ir até o carro, sob pretexto de haver deixado luz acesa, ou de que alguém precisa manobrar e não consegue, ou que alguém colidiu com o mesmo. Certifique-se e nunca vá só. Cuidado com ajudas inesperadas.

Ao falar ao celular, verifique se há alguém bisbilhotando. Restrinja sua privacidade.

Não exiba dinheiro vivo. Conte as cédulas discretamente. Habitue-se a manter os braços e a mão em condições de demonstrar controle dos objetos que porta, como carteiras, documentos, bolsas etc.

Verifique piso molhado, para não escorregar e cair. Pise firmemente, antes de encetar o próximo passo.

No banheiro, mantenha-se atento(a) aos outros usuários. Não pendure sacolas em pontos vulneráveis, nem deixe pacotes "disponíveis".

Com crianças, não se distraia. "Um olho no padre, outro na missa". Esteja atento para interlocutores que o abordem, nas lojas ou corredores. Mostre-se educado, mas firme. Mantenha uma distância razoável de quem lhe solicite informações ou ajuda.

No automóvel previna-se em face de artifícios que denotem artimanha para eventual assalto, como pneu furado ou baixo, estopa ou pano enfiado no cano de descarga, vidro quebrado ou para-brisa coberto. Em movimento, esteja atento para pequenas colisões traseiras, ou avisos inesperados quanto a pneu furado. Se for preciso parar, faça-o em locais seguros, próximo a aglomerações.

40

PROTEGENDO-SE AO TELEFONE

"**Você é o reflexo do que pensa diariamente.**"
Aristóteles (360 a. C.)

O número de aparelhos celulares no Brasil vai a mais de 194 milhões, mais do que a população deste país-continente. E os problemas decorrentes recomendam algumas cautelas.

As baterias não devem ser jogadas no lixo, mas descartadas em lojas que as recebem com destinação fiscalizada pelo governo.

O uso continuado, junto ao ouvido, pode produzir exposição à radiação. Da mesma forma, o hábito de falar sem uso das mãos, prendendo-o ao ombro, pode provocar desconforto e até lesões na coluna cervical.

Não é permitido o uso em cinemas e teatros, salas de audiência judicial, alguns cartórios.

O número pode ser facilmente rastreado e até clonado, ensejando mau uso por parte de malfeitores. Não exponha nem forneça seu número de celular a qualquer um. E, também não se torne escravo do aparelhinho, descansando-o fora dos aposentos enquanto dorme ou repousa.

No caso de ligações desconhecidas – com bandidos alegando sequestro de familiar ou exigindo recompensa –, anote o número, e, se puder, ganhe tempo, dialogue, converse calmamente, certifique-se. Notifique a Polícia.

Evite portá-lo no bolso junto ao peito, próximo ao coração. Especialmente os portadores de marca-passo.

Quando for abastecer, desligue o veículo, se possível. Mormente em ambiente confinado, com a presença de gases emanados do abastecimento.

41

PROTEGENDO-SE NO TRÂNSITO

"Seja o seu melhor amigo."
Aristóteles (360 a.C.)

Como pedestre:

Não atravesse correndo. Olhe ambos os lados antes de cruzar a via. Escolha o melhor local e momento. Aguarde o sinal de tráfego. Observe o guarda ou policial. Busque a faixa. Use a passarela, quando houver. Ande um pouco mais, buscando maior segurança. À noite use roupas claras. Certifique-se que o motorista o avistou. Não se arrisque à toa, nem desafie o veículo. Ande, não corra.

Na rodovia, ande pelo acostamento contrário ao

sentido de tráfego dos veículos. Na área urbana, prefira sempre a calçada ou passeio. Não jogue bola nem empine pipas ou arraias nas ruas.

Como ciclista:

Use roupas claras à noite, não se descuidando de refletivos, faróis e faroletes na bicicleta.

Ande junto à guia ou ao meio-fio da calçada, no mesmo sentido do tráfego. Sobre a calçada, somente desmontado (empurrando), o tempo suficiente para transpor pequenos obstáculos. Use corretamente as ciclovias (inseridas na calçada) e as ciclofaixas (à margem da guia).

Observe as regras gerais de circulação de veículos, os sinais de trânsito, os semáforos.

Cuidado com os pedestres. Se houver atropelamento, o condutor responderá da mesma forma que o motorista, pois o Código de Trânsito não distingue veículo automotor de outros similares, como carrinho de pipoca, de caldo de cana etc. Todos são veículos.

Como condutor de veículo:

Ande em velocidade compatível com a segurança, ainda que abaixo do limite fixado em sinalização. Observe os sinais e regras de circulação. Obedeça ao semáforo, mesmo quando não houver veículo em sentido lateral ou contrário. Verifique a velocidade em cada trecho em que trafega.

Só ultrapasse quando permitido. Na dúvida, não prossiga. Sinalize adequadamente, indicando, com antecedência, sua intenção de mudar de faixa ou convergir. Ao concluir, retorne imediatamente à sua faixa.

À noite, use faróis baixos.

Muito cuidado nas manobras em marcha-ré e à porta de entrada/saída de garagem, ou no interior dela.

Dê, sempre, preferência ao pedestre.

Verifique, habitualmente, equipamentos obrigatórios, como limpador de para-brisa, faróis, banda de rodagem dos pneus.

Ajuste o cinto de segurança, espelho retrovisor e assento, antes de dar partida ao motor.

Em condições adversas, reduza a velocidade.

Somente conduza crianças nas cadeirinhas para isso destinadas.

42

PROTEGENDO-SE EM CASA

"Sorrir significa aprovar, aceitar. Então, abra um sorriso para aprovar o mundo que te quer oferecer o melhor."

Aristóteles (360 a.C.)

Crie hábitos seguros. Não dê oportunidade a "condições inseguras", como, por exemplo, escadas mal-guardadas, mal-inclinadas; panelas no fogão com o braço distendido para fora.

Bolas e brinquedos jogados no caminho por onde transitam pessoas.

Prateleiras mal-arrumadas, pendentes pacotes e objetos que possam cair ou desprender-se. Piso escorregadio, úmido, malcuidado. Tomadas e extensões ao alcance de crianças. Fios desencapados. Varanda próxima à rede de alta tensão. Antenas mal instaladas, frágeis, pendentes.

À "condição insegura" pode sobrevir o chamado "ato inseguro", como, por exemplo, andar correndo, não observar onde se pisa, movimentar-se sem olhar o que há em volta, subir em escada, sem que ela esteja segura, ou sem auxílio adequado.

Evite usar ferramentas, como martelo, serrote, sem equipamento de proteção individual (EPI), como luvas, óculos, capacete, botas.

O Brasil é tido como campeão de acidentes de trabalho, onerando sobremaneira os órgãos previdenciários, reduzindo a produtividade. E, no lar, esses costumes acompanham esse desleixo, pouco caso com os procedimentos preventivos.

Habitue-se a fechar portas e janelas à noite ou em ausências demoradas e até eventuais. Luz externa acesa indica que o proprietário está ausente. Pequenas dificuldades desaconselham aos inimigos do alheio ali tentar adentrar, como lanças, cercados elétricos de baixa voltagem e descontínua, muros e grades altas, pequenos cães de alarme, avisos do tipo: "sorria, você está sendo filmado"; "cuidado, cerca eletrificada", "cautela, cão antissocial".

Antes de viajar, peça apoio do vizinho para vigiar e ligar para a Polícia ou Bombeiros a qualquer sinal de anormalidade.

Deixe seus telefones de contato com pessoas de confiança.

Nunca deixe chaves debaixo de tapetes ao sair. Em prédios, limite sua confiança aos empregados, não fornecendo detalhes da sua vida pessoal.

43

PROTEGENDO-SE NA RUA

"Com um sorriso no rosto, as pessoas terão as melhores impressões de você e você estará afirmando para você mesmo que está pronto para ser feliz."

Aristóteles (360 a.C.)

Mantenha-se alerta e transmita isso aos que o circundam.

Ande, não corra. Busque o melhor caminho, mais seguro. Evite lugares escuros ou desertos. Busque a companhia eventual de outros passantes.

Somente atravesse nos locais e em condições permitidos.

Percebendo pessoa não confiável à sua retaguarda,

aumente os passos, ou atravesse a rua, ou dê meia-volta, ou pare no ponto de ônibus.

Ao descer do ônibus, metrô ou trem, veja em volta e escolha o roteiro ou caminho. Veja ao redor. Confira outras pessoas andando no mesmo sentido.

Sentindo a aproximação em sentido contrário de pessoas suspeitas, passe ao largo delas, ou atravesse a rua. Evite o confronto ou arriscar-se.

Segure bolsa, embrulhos e apetrechos firmemente junto ao corpo. Ande com pouco dinheiro.

No caso de assalto, não resista. O cemitério está cheio de heróis, principalmente policiais à paisana. Não encare o indivíduo. Fale mansamente. Converse, se possível, para acalmá-lo. Mantenha suas mãos ao alcance das vistas dele. Diga previamente sua intenção, no caso de colocar a mão no bolso, para tirar a carteira, ou um lenço.

É melhor perder um pequeno bem do que a própria vida.

44

QUEM DECIDE A VIDA

"Pare de exigir das pessoas aquilo que você nem conquistou ainda."

Aristóteles (360 a.C.)

Naquela manhã de março de 1991 um bebê de apenas 24 semanas de gestação vinha à luz.

Com apenas 30,5cm de comprimento e pesando 708 gramas, tinha, segundo os médicos, apenas 10% de chances de possibilidade de continuar viva.

E, comentavam os circunstantes, aterradoramente:

— Caso sobreviva, não vai andar, não vai falar, poderá ter paralisia cerebral e ficar cega.

Os pais não acreditavam no que viam. Desejavam tanto uma irmãzinha para o filho. Oraram, fervorosamente, a Deus, implorando pela pequenina, quase do tamanho da mão do médico.

E eles mal podiam tocá-la. O incipiente sistema nervoso, pouco desenvolvido, não permitia ao menos balançá-la, após a mamada. Nem abraçá-la fortemente de encontro ao peito, num gesto tão comum de afeto e carinho. Apenas olhar e orar.

Os anos se passaram e, em 1996, em Irving, no Texas, sentada ao colo em um aprazível jardim, numa praça pública, a pequenina disse para sua mamãe:

— Mamãe, você não está sentindo um cheiro?

A mamãe respondeu candidamente:

— Sim, minha filha. Parece que vai chover.

— Não, mamãe. É um cheiro de Jesus, que me abraça, de encontro ao seu peito.

Aí, então, sentiu a senhora Dana Lu Blessing que não estavam sós. Que suas súplicas haviam sido atendidas.

Com efeito, a vida pertence a Deus. Somente Ele nos dá e nos tira a vida.

O vice-presidente da República, José Alencar, em uma de suas magistrais tiradas, disse, referindo-se a Deus:

— Ele não precisa de um câncer para tirar-me a vida. E, também se não quiser tirá-la, ele (o câncer) vai ficando aí.

Eu próprio nasci com sete meses e estou aqui, sem

sequela alguma, aos 69 de idade, montando a cavalo, nadando, escrevendo, palestrando. Um dia desses, uma entidade espiritual, aplicando-me um passe, advertiu-me:

– Lembre-se que você não é mais um menino...

Certamente estava lendo os meus pensamentos, vendo as minhas renovadas propostas de trabalho.

É que o colesterol, a triglicérides e a glicemia já anunciavam o início da estafa, o momento de desacelerar.

Mas como a vida pertence a Deus, vamos seguindo com o nosso trabalho.

45

TSUNÂMIS

"Como acontece aos que chegam à Terra, os que saem dela encontram igualmente sociedades e instituições, templos e lares, onde o progresso continua para o Alto."
Emmanuel (Chico Xavier) - 25/03/46

Com o epicentro nas profundezas oceânicas, o abalo sísmico, provocado pelas acomodações de placas tectônicas, produziu ondas gigantescas, que de forma avassaladora dizimou mais de 150 mil vidas.

A humanidade estarrecida e assustada acorreu com donativos, alguns desencaminhados pela ganância sem-fim de almas em desequilíbrio.

Desde o Antigo Testamento, com Isaías e Enoque,

depois, com Jesus, através de Marcos, capítulo 13, em Apocalipse; outros, como Nostradamus, em suas cifradas profecias; e, ainda, o médium Edgar Cayce, nos Estados Unidos; tudo advertia para a chegada desses eventos cataclísmicos.

O Calendário Maia apontava para o ano de 2012. Mas as mudanças prosseguem, no período da transição planetária, objeto de uma excelente obra ditada a Divaldo Franco, pelo lídimo benfeitor Manoel Philomeno de Miranda, saindo-se da era de provas e expiações, para a era nova de regeneração, que prossegue até o ano de 2052. Até lá, "choros e ranger de dentes".

Trata-se de um tempo em que o planeta se prepara para mudanças drásticas na sua fisionomia geográfica e também política, com a hecatombe de gigantes da atualidade, no campo econômico-militar e no religioso, como Estados Unidos, Vaticano, surgindo uma nova força do Oriente, miscigenando culturas, como acontecera antes, quando os bárbaros desceram das planícies dos bálcãs, conquistando pelas armas os povos do Mediterrâneo.

Fatos geológicos, aliados aos espirituais, indicam que entidades renitentes no mal, no futuro, não mais poderão reencarnar neste planeta, sendo remanejadas para outros mundos primitivos, para acelerar o progresso dos seus habitantes, retornando, depois, em condições melhores.

Ao mesmo tempo, oriundos do planeta Plêiade, da mesma Constelação de Alcione, a que pertence o nosso sistema solar, espíritos de escol, do ponto de vista intelecto-moral, virão reforçar o clima de equilíbrio e progresso do nosso atual *habitat.*

Prepara-se a Era da Regeneração.

De nossa parte, cumpre orar e vigiar, mas, principalmente, obrar, trabalhar no bem, incessantemente, moldando as atuais gerações para acompanhar e usufruir dos benefícios que estão por vir.

46

MUROS

"Não olvides a caridade do esquecimento de todo o mal. Nela reside a força progressiva do bem."

Instrumentos do Tempo - Emmanuel

Embora derrubado, a marteladas, pelo povo alemão, regozijado, o famoso muro que separava os dois estados germânicos, outras barreiras físicas vêm sendo erigidas, para impedir o acesso aos países desenvolvidos, pelos povos sedentos de educação, tecnologias e desenvolvimento.

Assim, norte-americanos fizeram subir enorme e longa muralha, separando os Estados Unidos do México, por onde ingressam, ainda, drogas ilícitas, notadamente *crack*, de que é o primeiro consumidor mundial, seguido pelo Brasil, onde a droga invade, de forma avassaladora, os lares, destruindo as mentes.

A França enfrenta igual problema, de imigração ilícita, em face dos marroquinos, do norte da África, e a Itália, em face dos albaneses, pessoas desesperadas, à procura de oportunidades de trabalho.

Mais recentemente, Grécia e Turquia passam pelo mesmo problema, relembrando a epopeia da China, protegendo-se dos bárbaros. Muralha que faz parte da história, constituindo-se, até, em uma das maravilhas do mundo antigo.

Entretanto, construímos muros invisíveis, a cada instante, separando as pessoas, isolando a cidadania.

Levantada a Cortina de Ferro, tomou-se conhecimento das agruras porque passava o povo soviético, limitado em alimentos e em liberdades, dentre elas a escolha soberana dos seus dirigentes, redundando, como acontece em toda crise aguda, na eclosão da *perestroika* (abertura política), reestruturando a Nação e libertando todas as demais coligadas, que formavam a União das Repúblicas Socialistas Soviéticas.

O mesmo se deu com o Muro de Bambu, suprimindo as liberdades, de informação, de expressão e de crença, reduzida a primeira produtora mundial de açúcar à condição de importadora de alimentos, agonizando o regime político de planificação da economia, de Estado, para um sistema de livre concorrência, busca incessante de qualidade e competitividade, como costuma acontecer no plano da evolução humana, onde seremos reconhecidos pelas nossas obras, pelo esforço individual por ascender na escala social, moral, espiritual.

O artigo 12 da constituição russa reza que a cada um segundo suas necessidades e de cada um segundo suas possibilidades. Eliminando-se o supérfluo, devemos receber de acordo com nossas realizações proveitosas, ou não, visto que a semeadura é livre, obrigatória será a colheita.

Do que fizermos, uns aos outros, colheremos necessariamente, ou, "dando-se é que recebemos", na lição imortal de Francisco de Assis.